Direto ao Ponto

Marx Gabriel

Direto ao Ponto

Gestão sem Rodeios

ALTA BOOKS
EDITORA

Rio de Janeiro, 2022

Direto ao Ponto

Copyright © 2022 da Starlin Alta Editora e Consultoria Eireli.
ISBN: 978-65-5520-909-9

Impresso no Brasil – 1ª Edição, 2022 — Edição revisada conforme o Acordo Ortográfico da Língua Portuguesa de 2009.

Dados Internacionais de Catalogação na Publicação (CIP) de acordo com ISBD

G118d   Gabriel, Marx
Direto ao ponto: gestão sem rodeios / Marx Gabriel. – Rio de Janeiro : Alta Books, 2022.
320 p. ; 16cm x 23cm.

Inclui índice.
ISBN: 978-65-5520-909-9

1. Administração de empresas. 2. Gestão. I. Título.

CDD 658.401
CDU 658.011.2

2022-715

Elaborado por Odilio Hilario Moreira Junior - CRB-8/9949

Índice para catálogo sistemático:
1.! Administração : gestão 658.401
2.! Administração : gestão 658.011.2

Todos os direitos estão reservados e protegidos por Lei. Nenhuma parte deste livro, sem autorização prévia por escrito da editora, poderá ser reproduzida ou transmitida. A violação dos Direitos Autorais é crime estabelecido na Lei nº 9.610/98 e com punição de acordo com o artigo 184 do Código Penal.

A editora não se responsabiliza pelo conteúdo da obra, formulada exclusivamente pelo(s) autor(es).

Marcas Registradas: Todos os termos mencionados e reconhecidos como Marca Registrada e/ou Comercial são de responsabilidade de seus proprietários. A editora informa não estar associada a nenhum produto e/ou fornecedor apresentado no livro.

Erratas e arquivos de apoio: No site da editora relatamos, com a devida correção, qualquer erro encontrado em nossos livros, bem como disponibilizamos arquivos de apoio se aplicáveis à obra em questão.

Acesse o site www.altabooks.com.br e procure pelo título do livro desejado para ter acesso às erratas, aos arquivos de apoio e/ou a outros conteúdos aplicáveis à obra.

Suporte Técnico: A obra é comercializada na forma em que está, sem direito a suporte técnico ou orientação pessoal/exclusiva ao leitor.

A editora não se responsabiliza pela manutenção, atualização e idioma dos sites referidos pelos autores nesta obra.

Produção Editorial
Editora Alta Books

Diretor Editorial
Anderson Vieira
anderson.vieira@altabooks.com.br

Editor
José Ruggeri
j.ruggeri@altabooks.com.br

Gerência Comercial
Claudio Lima
comercial@altabooks.com.br

Gerência Marketing
Andrea Guatiello
marketing@altabooks.com.br

Coordenação Comercial
Thiago Biaggi

Coordenação de Eventos
Viviane Paiva
eventos@altabooks.com.br

Coordenação ADM/Finc.
Solange Souza

Direitos Autorais
Raquel Porto
rights@altabooks.com.br

Assistente Editorial
Mariana Portugal

Produtores Editoriais
Illysabelle Trajano
Larissa Lima
Maria de Lourdes Borges
Paulo Gomes
Thales Silva
Thiê Alves

Equipe Comercial
Adriana Baricelli
Daiana Costa
Fillipe Amorim
Kaique Luiz
Maira Conceição
Victor Hugo Morais

Equipe Editorial
Beatriz de Assis
Brenda Rodrigues
Caroline David
Gabriela Paiva
Henrique Waldez
Marcelli Ferreira

Marketing Editorial
Jessica Nogueira
Livia Carvalho
Marcelo Santos
Thiago Brito

Atuaram na edição desta obra:

Revisão Gramatical
Flavia Carrara
Cátia Soderi

Diagramação
Rita Motta

Capa
Victor Castro

Editora afiliada à:
ASSOCIADO CBL Câmara Brasileira do Livro

ALTA BOOKS EDITORA

Rua Viúva Cláudio, 291 – Bairro Industrial do Jacaré
CEP: 20.970-031 – Rio de Janeiro (RJ)
Tels.: (21) 3278-8069 / 3278-8419
www.altabooks.com.br — altabooks@altabooks.com.br
Ouvidoria: ouvidoria@altabooks.com.br

Aos meus pais, José Onofre Gabriel (*in memoriam*) e Leila Regina Gabriel, e aos meus avós, Pedro Jason Corrêa e Jany Bastos Corrêa (*in memoriam*).

Agradecimentos

A Deus, pela oportunidade de viver nesta existência cercado de pessoas maravilhosas desde o meu nascimento e por todas as oportunidades que me deu de crescer e aprender.

Aos meus pais, que me trouxeram ao mundo, muito me amaram, me deram valores morais e me ensinaram o gosto pela leitura e pelo conhecimento.

À minha esposa e filhas, exemplos de moral cristã, carinho, generosidade e amor.

Aos meus irmãos, que são famílias de alma.

Aos meus avós, tios e tias, que tanto me ensinaram, com carinho, amor, zelo e exemplos.

Ao espetacular time da MB Consultoria, em todos esses quase 27 anos, que me ensinaram muito do que se encontra nestas páginas.

Ao Hugo Cesar Fraga Preto e ao Odair Hernandez, dois profissionais e amigos excelentes, que muito me ensinaram e me orientaram como meus chefes.

Aos clientes da MB Consultoria e as organizações em que fui e sou conselheiro de administração, que me deram a oportunidade de exercitar no dia a dia o discernimento de gestão e de liderança.

Aos meus professores, do maternal ao mestrado, que me demonstraram que o conhecimento é um tesouro que ninguém jamais vai nos tirar.

Ao Cristo, minha luz, bússola e direção.

Gratidão.

Marx Alexandre Corrêa Gabriel
Manaus, 31 de março de 2021

Sumário

Prefácio 13

Apresentação 15

• PRIMEIRA PARTE •
Times de alta performance

i. **Investimento na equipe** 19
    Precisamos de gente que pensa! 19
    Investimento em pessoas: seleção ou treinamento? 23
    Para que se contrata um gestor? 27
    Pessoas qualificadas e capazes: como? 30

ii. **Formando um time** 35
    Profissionais: requisitos de qualidade 35
    O profissional de Recursos Humanos 39
    Qualidade e remuneração 42
    Seleção de pessoas: sabemos realmente quem
    queremos contratar? 45

iii. **Gestão de time e métodos** 49
    Trabalhando em time! 49
    Treinamento: ferramenta de gestão e de educação 52
    Treinamento: inovando no método 56

• SEGUNDA PARTE •
Cultura e Valores

iv. **A importância do fortalecimento da cultura empresarial** .. 61
    A grande virtude 61
    Cultura organizacional: alinhamento 63
    Cultura organizacional: a personalidade das empresas ... 67

v. Mudar, evoluir e manter a essência 71
    Empresa: local de democracia? 71
    Mudar é preciso 74
    Precisamos de competência, já! 77
    Transparência e franqueza 80

• TERCEIRA PARTE •
Liderança & Gestão

vi. A essência da liderança 85
    Crise: responsabilidades do líder 85
    Do que é feito um líder 90
    Responsabilidade e caráter 93
    Liderança: ônus e bônus 95

vii. Gestão organizacional 99
    Estrutura organizacional 99
    Falta foco! 103
    Gestão profissional na Administração Pública 107
    Estratégia, processos e pessoas: qual a prioridade hoje? 110
    Prioridades corporativas 115
    Falta preparo empresarial 118
    A administração e suas novas teorias 122
    Sobre o óbvio 125
    Valores universais 130

viii. Empresas familiares e suas facetas 135
    Empresas familiares: excelente oportunidade 135
    Empresas familiares 138
    O mercado de trabalho nas empresas familiares 141

ix. Inovação & posicionamento 145
    Mercado & posicionamento 145
    Momento da gestão 149
    INOVAÇÃO: começar por onde? 151

x. O cliente é o seu maior ativo. Cative-o! 159
    Ouvindo o cliente 159
    Qualidade do atendimento.. 162
    Humildade e lealdade do cliente 164

• QUARTA PARTE •
Líder de Si Mesmo

- xi. **Somos seres em constante evolução** 169
    - A coragem de renovar 169
    - Educação: responsabilidade de quem? 174
    - Crescer é responsabilidade nossa! 178
- xii. **Os frutos do nosso trabalho** 183
    - Dia do Trabalho 183
    - Fazer com qualidade é cidadania 185
    - Felicidade no trabalho é matemática! 188
- xiii. **Gerindo o agora** 193
    - Gestão do tempo 193
    - Final de ano: hora de reflexão 198
- xiv. **Mentalidade de crescimento** 201
    - Mudança: ameaça ou oportunidade? 201
    - Possibilidades 204
    - Procrastinação 207
    - Executar é preciso! 210
    - Hora de Viver 213

Índice 217

Prefácio

Tenho tido, há mais de 20 anos, a satisfação de conviver com o autor deste livro, Marx Alexandre Corrêa Gabriel, inicialmente na condição de consultor da Fogás e Bemol e, posteriormente, conselheiro dessas empresas e meu amigo pessoal.

Há poucos profissionais no Brasil com qualificações tão amplas e profundas na área de administração de empresas quanto as de Marx. Ele é moderno e atual. Investe continuamente em si próprio e em sua equipe, seja através de cursos de mestrado e pós-graduação, seja participando dos melhores congressos, simpósios e eventos disponíveis ou através da leitura voraz dos principais textos e autores sobre os mais variados aspectos da administração de empresas.

Marx é assim, o que eu considero um profissional completo, e esta obra é evidência disso com textos primorosos sobre liderança, empresas familiares, gestão do tempo, satisfação no trabalho, conquista de clientes, processos de qualidade, indicadores de desempenho, definição de estratégias, busca de resultados, educação, treinamento e retenção de talentos.

Um dos aspectos que mais admiro em seus textos e conselhos é a sua capacidade de oferecer sugestões e respostas efetivas àqueles que o procuram. Marx tem a rara virtude da objetividade e da clareza de raciocínio e, por isso, tem sido um consultor e um palestrante tão requisitado. Nas muitas vezes em que conversamos sobre negócios e que procuro suas recomendações ele sempre oferece caminhos valiosos e bem definidos unindo a teoria à prática para a solução de problemas, tão comuns na carreira de empresários e de gestores.

Tão valioso quanto o seu conhecimento é a postura ética que marca a sua conduta como excepcional conselheiro empresarial, ajudando-nos a navegar pelos muitos dilemas morais com que nos defrontamos frequentemente. A facilidade com que ele percebe a diferença entre o certo e o errado e, a partir daí, consegue oferecer sugestões baseadas nos melhores valores de integridade, respeito e generosidade tem sido, para mim, fonte contínua de aprendizado e de inspiração.

Recomendo, assim, sem hesitação, a leitura dos textos desta coletânea *Direto ao Ponto*, desejando que eles sejam tão úteis para vocês quanto têm sido para mim.

Jaime Samuel Benchimol
Economista e empresário

Apresentação

Este livro se trata de uma coleção de artigos que foram publicados em colunas que assinei em jornais, bem como no portal da MB Consultoria. Assim, pode ser que o leitor encontre algum aspecto de temporalidade, sem, no entanto, alterar o conceito que está sendo apresentado e discutido.

Em todos, procurei dar um sentido direto no aspecto de gestão que estava tratando, com o foco de orientar o leitor a refletir e, se convencido, ter algo para colocar em prática de imediato no seu comportamento, da sua equipe ou na estratégia de gestão da sua organização.

A base veio do estudo acadêmico, dos programas de desenvolvimento realizados em excelentes escolas de negócio internacionais e, o mais importante, a meu ver, nos meus 40 anos de vida profissional, 27 dos quais dedicados a oferecer os melhores caminhos para organizações de todos os setores e portes, bem como auxiliá-las a ganhar valor e resultados.

Creio que as quase três décadas de aconselhamento a empresários e líderes como conselheiro de administração me deram excelentes oportunidades de saber o que funciona e o que, apesar de glamoroso, não tem resultados práticos em gestão.

Liderança em organizações advém dos conhecimentos das técnicas e nuances do negócio, mas, sobretudo, da capacidade de entender e ler a natureza humana. Esse tripé se forma com a coragem para o mergulho em si mesmo, fazendo do autoconhecimento uma bússola para sua tomada de decisões e discernimento.

Por último, apesar de respeitar a administração como uma ciência, confio plenamente na sabedoria humana de gerenciar recursos para a obtenção de resultados, de forma simples e com eficácia. Nada substitui o bom senso.

Se apenas um entre as dezenas de temas abordados te trouxer uma ideia que seja implementada, já me deixará muito feliz.

Prepare-se para irmos Direto ao Ponto!

Muito obrigado!

Marx Alexandre Corrêa Gabriel

• PRIMEIRA PARTE •

Times de alta performance

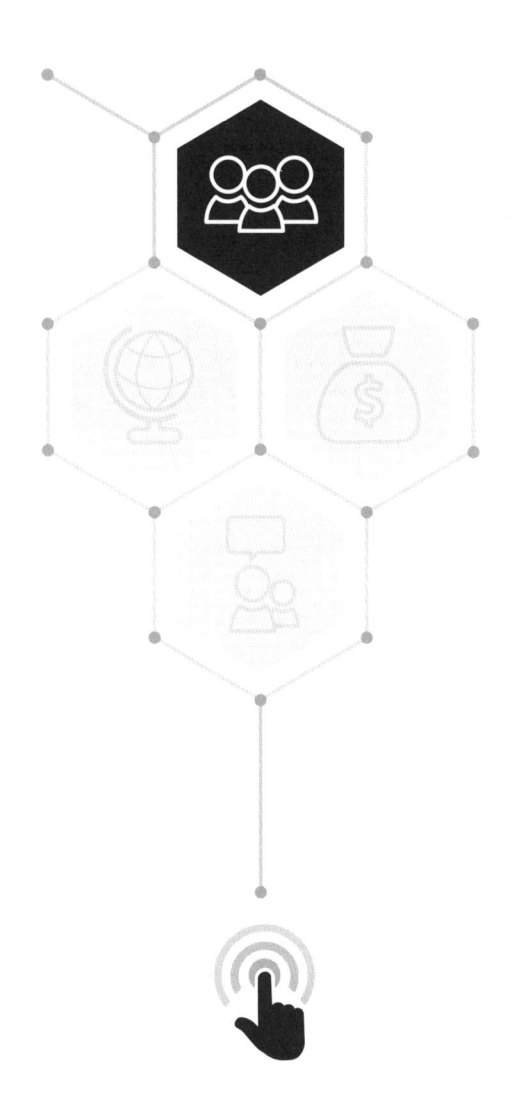

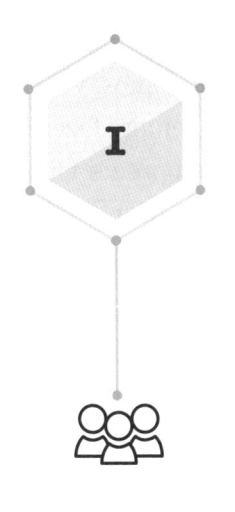

Investimento na equipe

Precisamos de gente que pensa!

Todas as vezes que conversamos com empresários e executivos sobre o que pode auxiliá-los na melhoria dos resultados de suas empresas, uma resposta é certa: pessoas capacitadas e qualificadas!

Mas o que entendemos como "capacitadas e qualificadas"? A resposta, sem nenhuma dúvida, passa por boa formação, domínio de outra língua, habilidades em informática, capacidade de liderança, ótimo relacionamento interpessoal, boa comunicação etc. Tudo isso é o mínimo para alguém se candidatar ao sucesso no mercado profissional e globalizado em que vivemos. Mas, então, o que é diferencial no mundo atual?

A resposta é: capacidade de PENSAR, de transformar dados, informações, experiências, aprendizados em visão sistêmica, em capacidade de gerar transformações na empresa, no setor, na forma usual de fazer as coisas! E isso é muito difícil! Temos, muitas vezes, ótimos profissionais para execução, verdadeiros tratores, que saem fazendo, suando, derrubando obstáculos, enfim, gerando resultados em curto prazo, inclusive para eles, geralmente cardíacos ou neuróticos! Mas será que é isso que queremos, viver em uma interminável roda-viva de trabalho e quase sempre fazendo o que sempre fizemos, da mesma forma como sempre foi feita por todos? Não, temos de buscar PENSAR, raciocinar, criar, modificar, mudar, transformar — é isso que nos diferencia dos animais.

Este círculo é totalmente vicioso. Não dá ao certo para saber o que veio primeiro, se educação familiar castradora, se sistemas escolares míopes, se empresários e líderes medievais no pensamento. Enfim, toda uma soma que resultou em um exército de pessoas que trabalham, trabalham e que produzem muito pouco efetivamente.

Do lado familiar, a criança cresce escutando muito mais "não" do que "sim". Vamos tentando forçar nossos filhos a fazer exatamente o que queremos, ou seja, tentamos fazer com que eles sejam a nossa imagem e semelhança. Nessa hora achamos realmente que somos o próprio Deus, pois queremos uma "criatura" e não um novo "criador". É óbvio que devemos orientar nossos filhos e transmitir todo o aprendizado que tivemos, com os nossos erros, acertos, frustrações, sucessos, fracassos, alegrias e tristezas. É também legítima a nossa preocupação em não os deixar sofrer o que já sofremos, apesar de saber que eles vão aprender muito com isso. Porém, toda essa nossa preocupação, que transformamos em "educação", deve ter como contrapartida a necessidade de aceitarmos que eles têm um potencial criativo tão grande ou maior que o nosso. Pergunte para uma criança o que se pode fazer com uma lata vazia. Ele te dará dezenas de ideias, muitas delas que parecem totalmente absurdas, mas que são excelentes, as quais nem sonharíamos listar! Por quê? Porque temos uma ideia formada de tudo o que podemos fazer com uma lata baseando-nos no limite daquilo que já fizemos com a lata. A criança não; ela ainda não tem esse "paradigma", ela é livre para criar, imaginar, prospectar. Isso é PENSAR.

E o nosso sistema educacional? Este cuida de formalizar a antítese da inteligência e do potencial criativo. Até os dias de hoje, século XXI, o aluno tem de utilizar todas as fórmulas para chegar a um resultado. Caso seja mais criativo e chegue ao mesmo resultado de outra forma, muitas vezes mais inteligentes e menos dispendiosas, não terá a nota correspondente; ao contrário, será demeritado. Veja o total absurdo: ao invés de receber um dez com louvor pela ousadia de ter criado (e acertado), ele recebe, muitas vezes, um zero, para que aprenda que não deve criar, mas obedecer aos padrões, seguir as fórmulas. Ou seja, ele NÃO DEVE PENSAR! Nas matérias de humanas, os trabalhos mais valorizados são, em sua maioria, os de maior fundamento teórico. Traduzindo: fundamento teórico = maior quantidade de texto "copiado" de livros e, na modernidade atual, da internet. Há um tempo, descobri uma aluna do ensino médio lendo um livro de filosofia grega como parte do currículo escolar. Tive um assombro de alegria! Que maravilha, isso é ensinar, apesar das dificuldades e paradoxos (essa mesma escola ensina matemática da forma como mencionei antes), a raciocinar, a refletir, a pensar. As nossas universidades já começam de modo errado. O sistema de acesso é via perguntas objetivas. Incentivo ao chute, à "decoreba", não à inteligência. Não fosse a mídia mostrar os desatinos, teríamos a continuidade de verdadeiros analfabetos (o problema não são eles, mas o sistema que os cria e mantém) aprovados em universidades. E o círculo continua no mundo acadêmico: fórmulas, tabelas, padrões, decoração de textos, livros ultrapassados, pensamentos conservadores etc. Passam de ano os alunos que estudam mais. Mas está mais que provado, através de estudos científicos (pelas próprias universidades e consultorias americanas, principalmente), que, geralmente, as pessoas que obtêm sucesso na vida profissional não tiveram as melhores notas nas universidades. Isso deixa latente a necessidade urgente de criarmos e incentivarmos métodos de ensino que privilegiem a inteligência, a capacidade de raciocínio, o discernimento e a visão geral. Precisamos valorizar quem PENSA. Quando entrevistamos executivos para processos de seleção, muitos baseiam todo o seu currículo na formação acadêmica (boa parte já com o seu MBA) e, quando propomos alguma pergunta que exige pensar ou apresentar um trabalho usando a inteligência e o raciocínio abstrato, a performance é pífia! Toda sua segurança e o orgulho do seu estudo parecem se basear nos seus livros, apostilas, *cases*, mestres e nas paredes de alvenaria de sua universidade. Esquecem de que o que faz a diferença é a forma como utilizam o seu cérebro!

Nas empresas o círculo fica quase completo. Elas recebem as pessoas com descrições de cargos restritas, organogramas limitados, sistemas de remuneração totalmente ultrapassados e cultura organizacional que execra a chance de errar! Como ousar numa situação como essa? Quase impossível. As pessoas que decidem ser agentes de mudança em tais condições são aquelas que não se acomodaram e conseguiram sobreviver à educação de seus pais, escolas e universidades e que querem para si a responsabilidade de ser sujeito ativo neste momento tão intenso de transformações na sociedade humana. Infelizmente, ao contrário do que deveria ser, esse profissional, muitas vezes, é tido como imaturo, sonhador; e a empresa, por essa falta de visão, perde alguém que poderia fazer a enorme diferença.

Precisamos, portanto, de gente que PENSA, que CRIA, que ANALISA, que tenha VISÃO SISTÊMICA, que tenha no NOVO uma OPORTUNIDADE de mudar a empresa, seu país, a sociedade.

Segundo o professor e consultor norte-americano Mr. Edward de Bono, uma pesquisa, nas quinhentas maiores empresas americanas, mostra que apenas 10% do efetivo de colaboradores "pensam". Todo o restante apenas executa planos, padrões, normas, sem nenhuma vontade ou interesse de transformar o que faz.

Se uma empresa quer ter sucesso, se um país quer ter sucesso, precisa investir para que esses 10% sejam 15%, 20%, 30%... E se você quer ser um vencedor profissionalmente, lute para estar entre eles.

Investimento em pessoas: seleção ou treinamento?

Como consultor de empresas há mais de vinte e seis anos, tenho uma grande vivência em organizações e conheço como elas investem (ou não) em seus recursos humanos. Aliás, nas reportagens sobre "melhores empresas para se trabalhar", também nos sites das organizações ou em palestras, vemos executivos e empresários sempre ressaltando a importância de se investir em pessoas. Essa é a mensagem que vai a público, mas, muitas vezes, internamente nas organizações, ao discutirmos um projeto que visa preparar e qualificar a equipe para o presente e para o futuro, o que se põe à mesa é que essa é uma "despesa" muito alta a se fazer, que as condições não são as melhores etc.

Hoje, a cada dez encontros que tenho com empresários e executivos, em nove deles o tema é um só: falta de pessoas qualificadas e preparadas para atender às suas empresas. Parece paradoxal: não se entende verdadeiramente, como investimento, a aplicação de recursos financeiros na preparação das pessoas. Pelo contrário, torna-se uma despesa e, ao mesmo tempo, os executivos e os empresários se ressentem de bons profissionais. Mas há verdade nas duas situações. Temos realmente escassez de bons profissionais e se utiliza muito dinheiro em apenas despesas com outros.

Como garantir, então, um melhor retorno do investimento em pessoas? Minha recomendação é que devemos inverter o sistema atual, em que se tem um processo de seleção fraco e, muitas vezes, medíocre, e depois um investimento enorme em treinamento, tentando corrigir falhas que, na maioria das vezes, não têm solução e deveriam ter sido identificadas no processo de seleção.

Reflitam sobre a área de recursos humanos de suas empresas ou de seus clientes e fornecedores. Quem tem melhor estrutura: o setor de seleção ou o de treinamento? Quem tem maior orçamento? Quais profissionais têm os maiores salários: os que trabalham em seleção ou os que trabalham em treinamento? Veremos, então, uma supervalorização dos treinamentos em detrimento dos processos de seleção. Isso é um completo contrassenso, pois se queremos ter uma equipe melhor, preparada e qualificada, o primeiro passo e, inclusive, o mais barato, é ter um processo de seleção extremamente confiável.

Todas as organizações, de maneira geral, têm sua cultura organizacional formalizada. Têm missão, visão de futuro e valores organizacionais que enfeitam paredes nas recepções das empresas, estão nos panfletos, materiais institucionais, filmes e sites das empresas. Apesar de se investir muito pouco na internalização da cultura, já é um bom começo formalizá-la, fornecendo um caminho ou uma diretriz para a força de trabalho. Mas não há como treinar as pessoas para que elas assumam os valores da empresa. Isso é impossível. Podemos e devemos implementar programas que tenham o objetivo de fomentar a prática dos princípios e valores da organização, premiando e incentivando os que internalizam e desestimulando ou penalizando aqueles que não os praticam. Mas acreditar nos valores da organização é algo que pertence apenas à decisão e livre-arbítrio do próprio profissional. Qual é, então, o caminho? A solução está em selecionar apenas profissionais que se identifiquem com os valores da organização. Para esses, será muito mais fácil praticar os princípios da empresa, pois eles são correspondentes aos seus próprios valores. Portanto, eu pergunto a vocês: em sua empresa, que tem missão, valores e visão definidos, eles são considerados como critérios no momento da seleção de novos profissionais? Na verdade, infelizmente, normalmente não o são. Depois vamos ver repetidos programas de motivação baseados nos valores da organização, que neste momento se tornam despesas e não investimento.

Trabalhamos na MB Consultoria há mais de vinte e seis anos em processos de seleção de executivos e em treinamento. Perguntem a qualquer componente de nosso time se é mais fácil concretizar uma proposta de seleção ou uma de treinamento. A resposta será clara: é mais fácil fechar uma proposta de treinamento com as empresas.

Em um projeto de seleção, orientamos os clientes a trabalharem em um processo que envolve muita atenção aos detalhes, assertividade e com enormes variáveis a serem avaliadas nos candidatos, até encontrarmos o melhor profissional para o "encaixe perfeito no cargo" que a empresa oferece. É claro que isso envolve uma grande disponibilização de horas de trabalho e um prazo adequado. Mas, geralmente, a empresa precisa do profissional para "ontem". Geralmente, nem um perfil mínimo do cargo gostam de preencher. Acreditam que apenas pela nomenclatura do cargo já podemos iniciar a procura por um profissional. No final, acreditam que o prazo que solicitamos é extenso e o investimento é muito alto. Preferem buscar um banco de currículos ou indicações. Isto, sim, é uma completa incoerência: deixar de investir no momento certo para trazer o profissional mais adequado. Mas logo a mesma empresa estará nos contratando para treinar e desenvolver sua equipe, que não está conseguindo adesão aos seus processos e à sua cultura organizacional nem apresentando resultados satisfatórios.

Em hipótese alguma acredito que o investimento em treinamento será sempre incoerente ou sem retorno. Muito pelo contrário. Em um mundo com ritmo de mudança tão acelerado e no qual a inovação é a única opção, deixar de treinar e desenvolver sua equipe é o mesmo que apostar no passado. Mas o treinamento, cada vez mais, deve ter uma completa aderência ao mapa estratégico da organização. Ele deve reforçar a sua estratégia, cultura e processos, aplicando recursos em profissionais que têm potencial para recebê-lo e transformá-lo em resultados tangíveis. Do contrário, se torna despesa, infelizmente.

Em seleção, todos os recursos utilizados serão investimentos. Um processo de seleção bem estruturado, científico, detalhado, acurado e assertivo poupará uma enormidade de recursos para as organizações em rotatividade de pessoal, despesas de desligamento, de novas seleções, de falta de pessoal, de gente mal qualificada, de perda de imagem junto aos clientes, de desgastes internos e de treinamento. Investir em seleção é "abotoar o primeiro botão certo da camisa".

Um processo de seleção de qualidade deve incluir um ótimo planejamento, a discussão e o consenso do perfil necessário para a organização naquele momento, a busca de candidatos em vários canais de recrutamento, uma seleção acurada dos profissionais em relação ao perfil, a busca de referências assertivas sobre os candidatos e um processo decisório calcado na realidade e com extrema disciplina em relação ao que foi planejado. Isso é investimento em recursos humanos.

Todos queremos uma equipe bem preparada e qualificada para ajudar nossas organizações a crescerem e terem sucesso não somente no presente, mas, principalmente, no futuro. Sejamos óbvios: comecemos sempre selecionando as pessoas certas.

Para que se contrata um gestor?

Não vou escrever aqui sobre o papel do líder nem entrar no lugar comum da diferença entre líder e gestor — isso fica para discussões mais abstratas, podemos assim dizer.

Gostaria de buscar responder, com base na minha experiência de quase vinte e cinco anos de consultor de empresa e conselheiro de administração, por que se contrata um profissional para gerir uma empresa e/ou um departamento. De uma forma objetiva, quando uma organização busca contratar um gestor, seja para que nível hierárquico estejamos falando, ela o faz pensando em três funções principais para esse profissional.

> **ANTEVER PROBLEMAS**: cabe ao gestor usar do seu discernimento, conhecimento e experiência para elaborar e implementar processos, métodos e cultura, que evite o acontecimento de problemas sérios para a sua área e/ou organização. Isso exige um contínuo aprimoramento no seu conhecimento, uma visão abrangente do negócio e profundo domínio da estratégia, operações da sua organização e da interação entre as pessoas e sua cultura organizacional. Também para que possamos evitar que problemas aconteçam, temos de ter gestores que conheçam também o seu mercado e seus atores, bem como de economia, mundo globalizado. Com experiência e conhecimento, visão do cenário externo e profunda avaliação da sua organização, um gestor pode

cumprir seu primeiro papel e evitar que problemas graves aconteçam na sua organização.

RESOLVER PROBLEMAS: sim, mesmo com todos os esforços os problemas acontecerão. Seja porque não foram devidamente previstos ou porque simplesmente nem tudo pode ser previsto. E é de responsabilidade do gestor resolver os problemas que aconteçam. Isso parece e é óbvio, porém o que vemos comumente são gestores "pedalando" ou "empurrando" os problemas ao invés da atitude madura de encará-los de frente. São dezenas de e-mails trocados sobre o mesmo problema. Ou nunca viram isso? E ainda copiamos para todos para termos certeza de que talvez alguém resolva o problema que eu deveria resolver. Claro que estar em uma sala de hotel, discutindo estratégia e planos futuros é ótimo, assim como viajar e participar de congressos e seminários sobre o mundo em 2030. Mas a verdade é que se os problemas não forem resolvidos hoje, talvez no ano seguinte a empresa sobreviva. E por que tanta resistência em assumir um papel tão óbvio? Porque resolver problemas é difícil e nos exige muito. Para que um gestor resolva os problemas é necessário que ele lidere subordinados, pares e até chefes. Precisa ter autocontrole emocional para retirar as discussões da pauta da "culpa" para a de responsabilidade. Precisa usar a sua capacidade de análise para pensar em soluções. Precisa ter coragem para mudar processos, cultura, métodos e até produtos que já não trazem soluções, mas, pelo contrário, fazem parte do problema. Resolver problemas exige que os gestores sejam ótimos em gerir, mas também em liderar.

INOVAR: se você foi contratado para ser um gestor ou já exerce esse cargo, saiba que a sua empresa espera muito que você, além de prever e resolver problemas, inove! Vivemos uma nova revolução industrial, com a transformação digital mudando todas as empresas, setores e suas relações. Isso traz excelentes oportunidades para todas as organizações em todo o mundo. Temos exemplos para lotar esse espaço, mas podemos ficar com Uber, Airbnb, Netflix e outras empresas que estão mudando completamente nossos hábitos de consumo e de vida, gerando riqueza para seus acionistas, satisfação para seus clientes e uma revolução nos seus setores de atuação. Mas a festa não é para todos. Pelo menos é o que acham os táxis, os hotéis e as operadoras tradicionais de TV. Nesse novo mundo digital, a oportunidade é em exponencial e os riscos também! Seus concorrentes não são mais os que fazem o mesmo que você. Os concorrentes mais perigosos são os que arrebatarão seus clientes entregando o que você entrega, com mais velocidade, qualidade e de uma forma totalmente diferente da que você atua. Acredito que nem o professor Michael Porter imaginava que os "novos entrantes", do seu modelo das 5 Forças, teriam papel tão preponderante na mudança vertiginosa na estrutura de um setor da indústria econômica. Um gestor que pratica a excelência operacional, ou seja, faz um pouco melhor todos os dias o que fazia no dia anterior, fatalmente terá, em algum momento, questionada a sua representação para sua organização: ele é um investimento ou custo?

Pessoas qualificadas e capazes: como?

Um dos grandes desafios das organizações é formar uma equipe de profissionais capazes, qualificados, competentes e motivados. Difícil? Em alguns casos eu diria que rara é a chance de sucesso.

São feitos investimentos portentosos em programas de treinamento e desenvolvimento. Até treinadores individuais (*coaching*) são contratados para melhorar a performance dos profissionais. Esses milhares de reais investidos são a comprovação evidente de que existe uma diferença entre o que as empresas buscam e o que os seus profissionais oferecem. Considerando a enorme velocidade da inovação, é natural, muitas vezes, os profissionais não acompanharem a velocidade das mudanças e precisarem se reciclar e se desenvolver. O que nos impõe à reflexão de que muitos dos *gaps* desses profissionais já existiam desde a sua contratação. E isso é ilógico e pouco racional. Como podemos contratar profissionais para os quais temos de investir uma enorme soma de dinheiro para que ele se torne aquele de "que precisamos"? Na maioria das vezes, isso se transforma em custo (e não em investimento) que poderia ter sido evitado.

O investimento com menor aporte de recursos e com maior chance de retorno é um processo de seleção criterioso, técnico, eficiente e, sobretudo, eficaz. A melhor maneira de formar um time de pessoas altamente capacitadas é contratar pessoas altamente capacitadas. Antes que os patrulheiros de plantão infiram que estou sugerindo a "troca" de toda a equipe, estou dizendo o contrário. É claro e óbvio que os profissionais com potencial e comprometidos com a organização devem ser alvo dos investimentos de formação e capacitação. Mas iniciar o ciclo virtuoso da eficácia significa contratar bons e competentes profissionais.

E por que isso não acontece? Por algumas razões, dentre as quais vamos destacar duas:

→ 1ª razão: tempo

Um processo de seleção eficaz exige tempo. Costumo dizer que um processo de seleção é um "namoro, noivado e casamento" sem experiências prévias. E para que haja uma boa chance de dar certo é necessário que haja transparência, afinidades, empatia, compatibilidade de valores e objetivos. Como buscar esses componentes em uma ou duas semanas? Impossível.

Um de nossos serviços é a seleção de executivos e, muitas vezes, nossos clientes nos pedem a contratação de um profissional para um cargo-chave em sua estrutura organizacional, com um prazo de três, quatro semanas. Argumentamos que o processo deve ser criterioso, planejado, fundamentado, de modo que, em muitos casos, perdemos o negócio por não aceitarmos subverter a técnica à pressa.

Precisamos conhecer os candidatos, suas habilidades, competências, dificuldades, comportamento, atitudes, escala de valores, indicativos sobre o seu caráter, e tudo isso leva tempo, que nesse caso é fator diferencial para a qualidade do processo.

→ 2ª razão: paradigmas

Alguns paradigmas dos processos de seleção estão em muito arraigados nos conceitos de recursos humanos e são obstáculos enormes para sua eficácia, tais como:

- **A triagem dos currículos deve ser feita pelo RH.** Pode-se parecer racional no início do conceito, mas se torna uma enorme falácia em sua consolidação. O grande funil no processo de recrutamento (início do processo de seleção) é a triagem dos currículos/candidatos. É claro que, nele, as chances de perdermos um profissional adequado são muito maiores. Mas também se leva um bom tempo. A área de recursos humanos geralmente seleciona currículos x perfil profissional (descrição de cargo ou similar) e como não tem o completo domínio sobre as atribuições, responsabilidades e tarefas que o novo profissional executará, deixa passar ótimos candidatos. A recomendação é clara: os próprios chefes devem fazer a triagem dos currículos dos candidatos às suas respectivas vagas. Em um caso extremo, com alta frequência de vagas e candidatos, a área de recursos humanos pode fazer uma pré-triagem, descartando apenas os currículos que estão "completamente fora" do minimamente exigido pela vaga.

- **Busca-se identificar o melhor profissional entre os candidatos**. Essa busca absolutamente cega, para localizarmos o "melhor", dentre os candidatos, nos faz, muitas vezes, contratar o que teoricamente tenha o melhor preparo e capacitação, mas que talvez não seja o melhor para a vaga, para a nossa empresa, nesse momento. É comum vermos profissionais pós-graduados serem contratados como auxiliares e/ou assistentes, em que o requerido seria o segundo grau completo. O resultado sabemos: pressão por salários mais altos, desmotivação e *turnover*. Não temos de buscar o melhor profissional, mas o que gerará o melhor "encaixe", ou seja, aquele cuja experiência, trajetória profissional e maturidade sejam mais aderentes à vaga, aos seus desafios e ao momento que a empresa atravessa.

- **Entrevista é tempo gasto.** "Irmã" do primeiro paradigma que descrevemos, essa afirmação faz com que os chefes (os únicos grandes responsáveis pelo sucesso e fracasso do novo profissional na empresa) achem que não precisam fazer mais que uma entrevista com os candidatos e assim mesmo com os "poucos" já selecionados pela área de recursos humanos. Essa miopia de liderança faz com que os chefes deleguem para terceiros (consultorias, recursos humanos, psicólogos, entre outros) uma responsabilidade que é sua: selecionar os candidatos que produzirão os melhores encaixes em suas empresas. É impossível ter uma ideia entre a compatibilidade e os valores do candidato, aliados à cultura organizacional, com uma ou duas entrevistas e com alguns testes psicológicos e algumas dinâmicas de grupo. Reforcem o trabalho nas entrevistas, em qualidade e quantidade. Esse tempo é investimento e poupará muitos aborrecimentos e prejuízos.

Investir em um processo de seleção técnico e criterioso é o primeiro passo para a formação de uma equipe profissional e qualificada. E com absoluta certeza tem o menor custo.

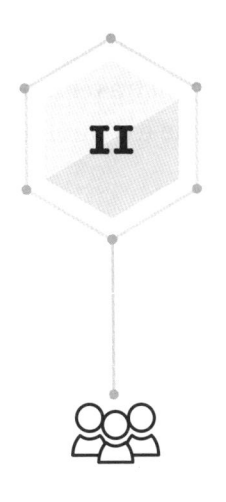

Formando um time

Profissionais: requisitos de qualidade

Hoje é absolutamente unânime a percepção de que há uma falta generalizada de profissionais. Digo profissionais realmente qualificados, preparados e de caráter. Ao detentor desse conjunto estou denominando **profissional**.

Em todos os meus encontros formais ou informais com meus clientes é o tom: precisamos de profissionais e não encontramos.

Ao mesmo tempo, sempre conhecemos alguém que está desempregado ou procurando uma oportunidade melhor. Um verdadeiro paradoxo. De um lado sobram vagas e de outro sobram candidatos.

Pessoas procurando emprego, ou seja, candidatos há muitos. A cada anúncio que colocamos recebemos dezenas e até centenas de currículos. Mas quando se inicia o funil da seleção descobrimos (infelizmente o que já sabemos) que profissionais são poucos. E o que distingue hoje um profissional de um candidato?

Um profissional não só é absolutamente preparado e atualizado nas técnicas da sua área de atuação, bem como demonstra ter um comportamento e atitudes que formam a maturidade e o caráter de um ser humano confiável.

As técnicas são respectivas a cada área e campo de atuação. Dos profissionais, esperamos que não somente estejam atualizados como dominem as características e nuances da sua profissão. Mas quando falamos em comportamento e atitudes, há algumas habilidades que julgamos serem comuns e essenciais para uma pessoa ser um profissional que as organizações anseiam por contratar: visão estratégica, proatividade e disciplina.

Visão estratégica

Alguns chamam de visão holística, visão sistêmica, mas independentemente da nomenclatura estamos falando da capacidade de enxergar o todo e não somente a parte, de fazer as conexões necessárias ao avaliar uma situação ou tomar uma decisão.

Pessoas com essa habilidade aprendem facilmente a compreender o ambiente, as pessoas que fazem parte dele, suas interações explícitas e as implícitas. Têm uma visão maior da consequência das suas decisões antes de tomá-las. Sabem que um fato tem várias versões e conseguem identificar as diversas percepções com empatia.

São pessoas que olham mais longe. Enxergam com clareza o que tem "além das esquinas", seja ao elaborar uma estratégia ou avaliar outra pessoa.

Em um mundo de contínuo aprendizado, de tempos de interação cada vez mais curtos, de mudanças cada vez mais velozes e frequentes, profissionais com visão estratégica são um diferencial para qualquer organização.

Proatividade

O dinamismo com que as coisas acontecem nos dá a sensação de que somos sempre muito pequenos para a quantidade de expectativa que temos que corresponder. E se somos líderes, aumenta a nossa responsabilidade em tomar mais e melhores decisões. Imaginem esse quadro sem apoio, sendo executado de forma solitária? Quem não tem essa sensação?

Infelizmente está cada vez mais raro encontrar pessoas proativas. Pessoas que não esperam ser mandadas ou controladas para fazer. Profissionais que não se atem aos limites do seu quadrado do organograma. Eles fazem muito bem o seu, sem serem cobrados, vigiados e controlados. Eles expandem sua área de atuação naturalmente, buscando novos desafios, assumindo responsabilidades que outros recusaram, atingindo resultados superiores ao que se esperava deles.

Quantos de nós não sofreram a frustração de ouvir de um subordinado que "não havíamos pedido aquilo", ou seja, que ele fez absolutamente o que pedimos, nem uma linha a mais! Como se pensar estivesse proibido.

Todas as organizações precisam de pessoas que fazem o que lhe pedem, sem necessidade de cobrança, e que também fazem o que "ainda nem foi pedido", mas é importante para o trabalho e para o resultado.

Ser proativo é natural para profissionais. Eles trazem isso de fábrica. Eles não se escondem para não receber novos projetos ou novas situações, pelo contrário, veem nesses momentos oportunidade para expandir seu conhecimento e seu espaço na organização. O crescimento para eles é natural e contínuo.

Disciplina

Parafraseando um dizer do Oriente, a disciplina é a "mãe de todas as virtudes". Infelizmente é o traço de comportamento mais difícil de encontrar atualmente. Como vem da educação familiar e do ambiente em que o indivíduo foi formado, há de se ter uma leitura que algo sério vem acontecendo na educação de nossas crianças.

Hoje qualquer organização tem uma série de mecanismos, ferramentas de informática e gestão, para controlar se os empregados farão o que acordaram de fazer. Vejam o absurdo do conceito! Pessoas e mais pessoas são contratadas para cobrar que o colega faça o que combinou de fazer! É muito tempo, dinheiro e energia sendo desperdiçados. E o pior desperdício é que o excesso de controle tira o foco da criatividade, da inovação, da criação do novo.

A disciplina é um dos componentes mais fortes do caráter. Quem não tem disciplina não honra a palavra empenhada. Não consegue nem "ver" as consequências que a quebra da promessa feita acarreta para o outro, seja seu colega, seu chefe ou seu amigo. E não vê que o mais grave é que a falta de disciplina gera o maior malefício para a perda das relações: a quebra da confiança. Como confiar em alguém que empenha a sua palavra em um acordo, seja qual for, e não cumpre? E ao ser questionado não vê por que isso afeta a confiança? Difícil confiar.

Visão estratégica, proatividade e disciplina. Habilidades e comportamentos muito difíceis de se ter e de se alimentar, mas que compõem não somente um profissional, mas um ser humano de caráter e maduro.

O profissional de Recursos Humanos

Somos uma consultoria empresarial e, portanto, de Recursos Humanos. Atuamos com diversas ferramentas para auxiliar as empresas na busca pela obtenção de uma melhor performance de sua equipe de trabalho e, como consequência, de um aumento de seu grau de competitividade.

Das atividades realizadas consta seleção de mão de obra especializada, incluindo a contratação de responsáveis (diretores, gerentes, coordenadores, chefes) de Recursos Humanos. Alguns pontos do perfil que as empresas definem são praticamente comuns: boa formação superior, habilidades de relacionamento, experiência em rotinas de RH, tais como seleção e treinamento, características essas fundamentalmente básicas. No entanto, vale perguntar: trata-se de habilidades que fazem realmente a diferença para a empresa? Acredito que não.

As características de formação acadêmica e complementar, bem como experiência em projetos que utilizam as ferramentas de RH, são realmente importantes, mas não constituem, na sua essência, as mesmas exigências feitas a qualquer profissional, seja na área executiva, em nível estratégico ou de média gerência. Saber planejar as atividades, buscar objetivos, administrar tempo, coordenar pessoas e recursos são qualificações que o profissional deve apresentar para ser razoavelmente competitivo no mercado de trabalho globalizado. Ser proficiente em uma segunda língua é importante? Sem sombra de dúvidas. Conhecer outra língua não é apenas uma necessidade de comunicação, mas denota a capacidade e a oportunidade para conhecer outras culturas e isso faz também muita diferença. Mas o domínio de outras línguas ou habilidades em informática, por exemplo, não é, a meu ver, um diferencial competitivo. E onde está a diferença?

Com toda nossa experiência em consultoria empresarial no país, em centenas de projetos de mudança, dos mais variados portes e escopos, verificamos haver uma grande diferença no profissional de recursos humanos: GOSTAR DE GENTE. Isso mesmo: gostar de lidar, de se relacionar, de conversar, de se comunicar com outras pessoas. Aí está o "pulo do gato". Profissionais que amam o que fazem e têm amor pelo ser humano fazem a real diferença no momento de gerir os recursos mais nobres que uma empresa tem: os seus colaboradores.

Como representante da empresa e de sua política de pessoal, o profissional deve ter o devido equilíbrio entre o atingir os objetivos traçados e satisfazer os trabalhadores. Vivemos a era do conhecimento e nenhuma empresa conseguirá sucesso e irá transformá-lo em resultados sem que tenha o total comprometimento e participação da sua força de trabalho, portanto não podemos mais desassociar os objetivos pessoais dos colaboradores das metas da empresa. O contrário disso seria um barco em que cada um rema para o lado oposto e ninguém sai do lugar, isso quando o barco não afunda.

O gerente (diretor, gerente, chefe) de recursos humanos tem, assim, um papel primordial nessa harmonização, pois é o grande responsável por catalisar a energia dos colaboradores em prol da empresa e ainda sensibilizar a alta direção na busca de políticas de pessoal que valorizem e motivem os trabalhadores.

E como sensibilizar alguém para algum assunto pelo qual não se sente afinidade? Não há como. Todo o esforço soará vazio e sem substância. Cada pessoa que trabalha em uma organização é um ser totalmente diferente e único. Não há outro igual! Essa deve ser a premissa a nos orientar diante da necessidade de nos relacionarmos com outras pessoas. É óbvio que a empatia, a cortesia, a educação e afetividade são uma obrigação de todos os profissionais, principalmente os que exercem cargo de liderança. Mas, reitero, deve ser uma característica latente dos responsáveis pelas áreas de recursos humanos, pois esses constituem a forma como a empresa se apresenta para o seu time de trabalho.

Fico muito satisfeito e, às vezes, até comovido (nessas horas os anos de consultor não nos imunizam) diante de um profissional de Recursos Humanos que diz gostar de estar com as pessoas, de ver os rostos delas, de perguntar se elas estão bem, de recebê-las em sua sala para conversar e, tudo isso, sem perder um só minuto de vista *target*, metas, planos e responsabilidades inerentes ao seu cargo. Se a empresa e os colaboradores tiverem a sensibilidade de perceber o quanto esse perfil é importante, não há dúvidas, esse profissional fará uma enorme diferença.

Somos seres emocionais e fugir disso é nos enganarmos. Precisamos conhecer e viver as nossas emoções, utilizando-as para o nosso crescimento e o das pessoas à nossa volta. Será mais fácil desenvolver um processo de empatia quando dou valor à outra pessoa. Apenas tentar me colocar no lugar do outro e verificar como ele reage racionalmente não será suficiente. Preciso, sim, ver qual será a emoção dele frente a uma situação ou um fato. Não é fácil, mas, quando conseguimos, alcançamos muito bons resultados e ainda sentimos um enorme bem-estar.

É essencial a todos nós, profissionais, procurar nos conhecer e nos atribuirmos valor. Se nos gostarmos teremos grande chance de gostar do próximo também.

Qualidade e remuneração

É realmente assustador como há profissionais que tratam mal o seu cliente. Não é necessário nenhum estudo científico como consultor para chegar a essa conclusão. Basta o leitor observar à sua volta como o destrato é corriqueiro em todas as atividades. Seja em um posto de gasolina, em uma loja, na mercearia, na escola dos filhos, nos hospitais, no banco, nos órgãos públicos, enfim, tratar as pessoas com respeito e qualidade é a exceção e não a regra.

Nossa família está passando um grave problema de saúde nos últimos meses. Temos estado em vários hospitais de Manaus, Goiânia e São Paulo. Alguns considerados como os melhores do Brasil e da América Latina. Um ponto é comum a todos: o despreparo para o desempenho da função de vários cargos técnicos e administrativos e a total falta de qualificação para tratar com os clientes e o público em geral. Falta de cortesia, movimentos bruscos com pacientes acamados, falta de atenção com acompanhantes, desinformação, falta de educação e grosseria (que alguns médicos querem traduzir como franqueza!) são práticas comuns de quem deveria, mais até que em outras atividades, tratar bem os seus clientes, que não estão em um hospital para fazer turismo. Exceções existem. Agora mesmo estamos tendo um excelente tratamento humano por parte da equipe que vem nos ajudando. Mas isso deveria ser a regra.

Não raras vezes, em restaurantes que frequentamos, parece que os garçons nos fazem um enorme favor em nos apresentar o cardápio, em agilizar o pedido e até em trazer a conta! Sim, parece que eles estão obrigados ali. Talvez até estejam, diante de outra coisa a fazer. E quem paga somos nós!

É de estarrecer que uma empresa faça um plano de marketing, elabore campanhas publicitárias, nos convide a visitar e comprar os seus produtos, mas faça isso por um atendente que não demonstra nenhuma vontade de fazê-lo. Muito pelo contrário, faz questão de deixar claro que, se dependesse dele, não estaria ali. E não é conversa de consultor. Uma pessoa mal atendida não esconde isso e até faz questão de propaganda negativa. Trata-se de publicidade, diga-se de passagem, que acaba sendo muito mais efetiva e eficaz do que a propaganda tradicional, cuja finalidade é vender mais e conquistar mercado.

Mais incrível é o fato de empresários e executivos não perceberem como tal situação gera prejuízos para suas empresas. Para confirmar isso, basta perguntar a um empresário e executivo conhecido quando foi a última vez que ele investiu na sua equipe para melhorar o atendimento aos seus clientes e usuários. Temos experiência em consultoria na área hospitalar e sabemos que as instituições investem em vários treinamentos, como controle da infecção hospitalar e cursos de atualização, porém se esquecem de algo que é básico: atender bem aos seus clientes — pacientes, acompanhantes, visitantes, usuários — e aos próprios colaboradores, que são seus clientes internos.

Sabemos que esse não é um problema de fácil resolução, pois passa pela questão educacional e cultural. As pessoas já deveriam estar "preparadas" pelos próprios pais, com a educação de berço, para tratar bem o seu próximo. Deveriam, pelo menos, se comportar com os outros da maneira que esperam que os outros se comportem com elas. Simples, não? Mas, infelizmente, tão difícil de se praticar!

Para minimizar esse problema tão nocivo, propomos algumas linhas básicas de atuação:

→ Seleção

Qualquer pessoa que atue junto a outras pessoas precisa gostar de gente e do que faz. É necessário que o trabalho de recrutamento e seleção dê preferência a candidatos que apresentem essas características. Não podemos trazer para a "frente" do nosso negócio pessoas que acham que dar um sorriso é um enorme sacrifício.

→ Treinamento

Precisamos oferecer treinamentos em relações humanas e dinâmicas voltados para a qualidade no atendimento a clientes, sobre comunicação e liderança, para que tenhamos, na linha de frente, profissionais capacitados a atender bem os clientes — internos e externos — e a tomar decisões que procurem harmonizar as necessidades dos clientes com os interesses da empresa.

→ Remuneração

É imperativo para se melhorar o atendimento aos clientes que as empresas modernizem seus sistemas de remuneração, de forma a privilegiar pessoas que encantam outras pessoas, ou seja, fazem do cliente bem atendido um potencial de fidelização e de conquista de novos clientes. Não podemos remunerar com o mesmo salário uma enfermeira que, além de tecnicamente preparada, trata com humanidade, respeito e carinho o seu paciente, e outra que mal abre a boca para cumprimentar alguém! Uma é fonte de receita e a outra, de prejuízo.

Está claro que a responsabilidade pela mudança necessária é dos líderes. Cabe aos empresários, executivos, gerentes e chefes se conscientizarem do problema, darem o exemplo e, sobretudo, agirem de forma efetiva para que tenham em suas empresas apenas profissionais que saibam atender adequadamente aos clientes. Isso é fonte de receita. Se os líderes não conseguirem enxergar isso, estarão negligenciando seu papel.

Seleção de pessoas: sabemos realmente quem queremos contratar?

Parece um paradoxo: em um momento de crise econômica histórica, temos falta de mão de obra qualificada. Reforço: qualificada, ou seja, ótimos profissionais. Gente mediana, há de sobra. São os que formam as estatísticas dos desempregados. Mas profissionais qualificados, capacitados e acima da média, temos falta. Vivemos um "apagão de bons profissionais".

Não vamos comentar os motivos. São vários e estruturais. Mas gostaríamos de tratar sobre como, em um momento de falta de mão de obra qualificada, podemos formar uma equipe melhor. E o primeiro caminho é uma seleção correta de pessoas. Isso é "abotoar o primeiro botão corretamente".

Alguns consultores e estudiosos sobre gestão e pessoas, tais como Jim Collins e Fernandez Araóz, têm escrito e nos deixado valiosas sugestões e reflexões sobre a importância de termos a pessoa certa no lugar certo. Eles reforçam o que vivenciamos na prática: sem as pessoas corretas, não há estratégia e processos que levem uma organização a atingir seus objetivos.

Nesse sentido, gostaríamos de comentar alguns erros muito comuns no processo de seleção, que nos levam a contratar a "pessoa errada". E para a pessoa errada não há lugar certo.

Trabalhamos há mais de uma década realizando processos de seleção de executivos. E é extremamente comum que nossos clientes nos enviem, para seus processos de seleção, apenas o nome do cargo para o profissional que procuram. Até mesmo grandes empresas nos apresentam, muitas vezes, apenas um resumo de atribuições do cargo e acham que é suficiente para que consigamos localizar e selecionar os profissionais para a sua ocupação.

Esse é um erro fatal. Se não sabemos o que queremos, fatalmente podemos incorrer em erros, ao abrir mão de um excelente candidato, bem como contratar alguém que não vá trazer os resultados que esperamos.

É fundamental definirmos, muito claramente e de maneira formal, quais as competências para se exercer o cargo e quais características pessoais e profissionais necessitamos do futuro contratado. E esse processo precisa ser elaborado com um enorme pragmatismo, levando-se em conta a empresa, a estrutura de poder, a indústria do negócio, o momento e a estratégia empresarial, os objetivos de curto, médio e longo prazos, da empresa e do cargo. Sem isso, vamos cair no empirismo.

O que vemos são cargos com exigências demais e outros com exigências de menos. Alguns exemplos para ilustrar:

- ☑ GERENTE DE LOGÍSTICA: exige-se pós-graduação em Logística e/ou Engenharia de Materiais.
- ☑ CONTROLLER: inglês fluente é desejável.

No que tange especificamente à pós-graduação, ela será necessária para que um excelente candidato a gerente de logística seja contratado? Se o profissional tem uma consolidada e comprovada experiência, com resultados mensuráveis obtidos, com referências profissionais sérias e uma formação superior condizente, não será a pós-graduação que o fará atingir ou não os resultados que o cargo exige.

No segundo exemplo, caso seja uma multinacional e/ou empresa que tem a obrigação de registros contábeis em moeda estrangeira ou o cargo tem a responsabilidade pela interface com fornecedores, clientes ou parceiros internacionais, o domínio do inglês não é "desejável", e sim imprescindível!

Os dois casos retratam o que é absolutamente comum. No primeiro, havia o risco de ótimos profissionais ficarem de fora do processo de seleção. No segundo, poderia acontecer de um profissional ser contratado com deficiência de inglês, o que implicaria já entrar com uma pressão pelo aprendizado do idioma ou ter de contratar mais um assistente, que cobriria a ausência dessa qualificação. Nos dois casos, todos perdem. A empresa e os profissionais.

Invistam, portanto, tempo em planejar as seleções. Isso exige que saibamos exatamente o que queremos do cargo e dos seus futuros ocupantes.

III Gestão de time e métodos

Trabalhando em time!

Todos os livros e métodos de administração atuais têm como um elo importante o trabalho em equipe. Trabalhar com outras pessoas passou a ser uma habilidade fundamental para quem quer vencer no mercado de trabalho. E cabe perguntar: é fácil trabalhar em equipe? Absolutamente não! E o motivo principal está no fato de não termos sido educados e formados para isso. Pelo contrário, toda a nossa educação (principalmente a ocidental) é feita com base na individualidade (e, infelizmente, no individualismo). Valorizamos os super-heróis que trabalham sozinhos (Super-Homem, Homem-Aranha, Zorro entre outros), os atletas que são estrelas, os cantores e não os grupos musicais, o maestro e não a orquestra. Na escola, muitas vezes, nem conhecemos direito a diretora, o pessoal administrativo, a merendeira, mas sabemos tudo sobre o professor. Ignoramos, muitas vezes, que uma escola não funciona sem o trabalho eficiente de toda a equipe, assim nossa personalidade vai sendo marcada por uma característica de individualismo que nos prejudicará a vida inteira, tanto pessoal como profissionalmente.

O que buscamos nas pessoas, portanto, não é uma habilidade nata de nosso povo; então, não é possível obter sucesso na formação de nossas equipes se não houver uma decisão pessoal de mudança de comportamento. Não basta apenas reunir as pessoas e "decretar" que existe uma equipe. Demanda esforço e atitude dos componentes e do líder da equipe.

Na MB Consultoria, uma de nossas estratégias é o "investimento no time". Essa estratégia possui duas marcas importantes. Uma delas é o investimento maciço na capacitação e qualificação dos componentes da nossa empresa, tanto no que diz respeito à sua competência pessoal quanto à sua melhoria como equipe. A outra marca refere-se ao fato de não nos denominarmos mais equipe, mas sim "time", o que possui um poder muito forte.

Quando aceitamos que somos um time, tornamo-nos conscientes de que cada um tem uma função específica no time, mas todos são responsáveis, em igual nível, pelo resultado de nosso trabalho. Se perdermos, a derrota é de todos. Se ganharmos, a vitória é de todos também.

Como um time, é importante perceber que, muitas vezes, um componente não está na sua melhor fase ou no seu melhor dia. Nessas oportunidades, é preciso dar mais um pouco de nós para cobrir o companheiro e não deixar que o time sinta o seu problema. É necessário aprender a confiar no outro, pois todo o nosso trabalho é interdependente e não ganhamos absolutamente nada sozinhos, uma vez que o resultado é do time. Precisamos, em time, apoiarmos uns aos outros, incentivando, motivando e apontando os pontos que devem ser melhorados, de forma construtiva, mas muito franca. O resultado é de todos, portanto não pode haver acomodação nem melindres, mas diálogo e sinceridade. Quando alguém não está jogando junto, temos de ir até ele e dizer claramente que não é esse o comportamento que o time espera dele. Caso ele continue a jogar sozinho, o time deve sentir-se impedido de aceitá-lo como membro. Em um time, todos jogam juntos com um mesmo objetivo, as forças não podem estar divididas.

E como fica a amizade em um time? Com toda a certeza, se todos tiverem amizade entre si, em muito serão facilitados a convivência e o relacionamento no time. A amizade não atrapalha o trabalho, mas pessoas que não sabem se comportar profissionalmente com amigos provocam prejuízos ao resultado do time. Em um time, o relacionamento é muito importante e, se conseguirmos agregar aos valores do time a amizade, sem nenhuma dúvida, o dia a dia será mais proveitoso e possibilitará melhor qualidade de vida. Mas não é só o relacionamento que faz um time vencedor, e sim a soma das competências individuais aliadas ao estabelecimento de objetivos e metas comuns. Essa é a força de um time vencedor!

É muito comum as empresas investirem grandes somas em programas de treinamento e integração, com a finalidade de tornar melhor o relacionamento das equipes de trabalho. Isso é válido, importante e deve ser perene e não apenas ocasionalmente. Mas um time não é como um casamento. Quando nos casamos, temos (teoricamente) de utilizar um contínuo processo de troca e adequação de valores, pois se trata de uma opção de vida que acreditamos ser definitiva. Em um time de trabalho, é preciso estar consciente de que temos nossas diferenças no que diz respeito à competência e aos valores e fazer com que as singularidades sejam transformadas em potencial sinérgico, sem, porém, termos de nos adequar ao outro. Posso trabalhar, portanto, com um colega que não pratica a mesma religião que a minha, os mesmos princípios, as mesmas crenças, mas em um casamento isso se provaria impossível. Precisamos ter em mente que são os objetivos e os valores comuns que une um time.

Para que um time exista, de fato (e não apenas no papel), alguns pontos são imprescindíveis:

- ☑ Deve haver por parte de cada membro uma mudança de comportamento, no sentido de buscar o sucesso individual e do grupo.
- ☑ Os objetivos e as metas devem ser claros e mensuráveis.
- ☑ É necessário estabelecer valores organizacionais comuns.
- ☑ Devem ser praticados e estimulados o companheirismo, o respeito e a lealdade aos colegas e ao time.
- ☑ A liderança deve ser qualificada e apresentar carisma.
- ☑ É preciso dar maior importância ao comum (que une) do que ao relacionamento (que pode desunir).
- ☑ Ter em mente que um time não se forma de um dia para o outro.
- ☑ Ter a certeza de que a responsabilidade pela formação, união e manutenção do time é de cada componente.

Repito que não é fácil trabalhar em equipe. Mas quando conseguimos formar um verdadeiro TIME, temos a verdadeira autorrealização profissional.

Treinamento: ferramenta de gestão e de educação

A partir do avanço dos modelos de gestão (ISO 9000, Prêmio Nacional da Qualidade entre outros), o treinamento tomou novo impulso nas empresas, como uma ferramenta de aumento da produtividade e competitividade.

Antes, as empresas formavam os seus departamentos e setores de treinamento e até buscavam a execução de um bom plano de qualificação, porém, ao menor sinal de turbulência econômica, interna ou externamente, as empresas, geralmente, começavam a "enxugar" exatamente no treinamento! Isso sempre demonstrou pouca inteligência, pelo enorme custo de seleção, preparação e depois demissão, bem como pelo motivo de a empresa perder os ótimos colaboradores, que com toda a certeza não se acomodavam com essa política e buscavam novos horizontes.

Com a massificação dos sistemas de gestão a que nos referimos, o treinamento passou a ser uma função perene nas empresas, pois, de uma forma ou de outra, haverá cobranças e acompanhamentos de auditorias internas e externas, análises sobre o resultado etc.

Estamos vivendo a era do conhecimento. O maior ativo das empresas são seus colaboradores que, através do seu comprometimento, criatividade, iniciativa e poder de análise conseguem transformá-la em uma organização produtiva, eficaz e altamente competitiva empresarialmente.

E como não qualificar o seu principal ativo? É claro que há uma enorme necessidade de qualificação da mão de obra, pois, do contrário, tanto ela como a empresa correm o enorme risco da obsolescência.

Costumo dizer, nas minhas palestras e apresentações pelo Brasil, que a ISO 9000 "resgatou" o treinamento em nosso país e está cumprindo uma função até "educacional", pois está, sem a menor sombra de dúvidas, ensinando muito sobre princípios de cidadania e educação de base.

Quando falamos em fazer certo da primeira vez, de fazer cinco S (ordem, limpeza, segurança etc.), de planejar o nosso tempo, de utilizar método para solucionar problemas, não tenhamos dúvida, estamos atuando em educação e não somente em treinamento. Estamos ajudando a melhorar o indivíduo e não apenas o profissional.

O investimento pífio do Brasil (em relação aos países desenvolvidos) em educação não nos deixa saída a não ser de nos unirmos como sociedade, para ajudar (e nos ajudar) o país a crescer e a se desenvolver através do desenvolvimento de todos os seus filhos.

Assim, para a nossa alegria, estamos vendo nascer uma série de movimentos maravilhosos e sérios para auxiliar na educação no Brasil. Na maioria deles, trata-se de trabalhos voluntários, coordenados por empresários que estão abertos e fazendo a sua parte. Cabe a todos nós, em qualquer tempo e parte deste país, procurar alguma maneira de ajudar, nem que seja na organização de uma gincana na escola mais próxima.

Como empresários, executivos e profissionais, temos de passar a enxergar nos processos de treinamento e desenvolvimento uma enorme oportunidade para:

- A empresa conseguir aumentar o seu nível de produtividade, qualidade e eficácia nos seus processos, tendo um maior nível de competitividade e mais chances de sobreviver em um mundo globalizado e em contínua evolução.
- Os colaboradores elevarem o seu aprendizado e nível de qualificação, possibilitando uma contínua atualização dos seus conhecimentos e permitindo sua participação em um mercado de trabalho cada vez mais exigente e mutável.

- ☑ Os empresários e os executivos contribuírem de forma efetiva para os melhores resultados da sua empresa através do manancial de conhecimentos da sua equipe, bem como para a melhoria dos níveis educacionais de nosso país.

- ☑ O Brasil elevar o seu nível de preparo e qualificação de mão de obra, possibilitando um maior índice de produtividade, uma das poucas saídas para a melhoria da distribuição de renda e de justiça social no país.

- ☑ A sociedade se integrar através de atitudes proativas, na busca de objetivos morais elevados, utilizando-se da educação como uma meta que une e traz resultados concretos na redução do nível de violência, de acidentes de trânsito, de injustiças e de conflitos sociais, entre outras questões.

Muitas são as iniciativas que institucionalmente poderão ser tomadas para aumentar o número de horas de treinamento por profissional no Brasil. Na França, por exemplo, as empresas são obrigadas a destinar, no mínimo, 1,5% do faturamento à aplicação em treinamento dos seus colaboradores ou pagar o equivalente em impostos adicionais.

E assim, órgãos de fomento, como BNDES, FINEP, BASA entre outros, no momento de aplicação dos recursos, podem criar mecanismos que privilegiem empresas que, dentre outras iniciativas, investem em treinamento e educação.

O importante é que todos — governo, empresários, executivos, profissionais, políticos — enxerguem no treinamento da força de trabalho do Brasil mais uma forma de investimento em educação, uma vez que essa é a forma de fazer de nosso país um país do presente, e não eternamente do futuro.

Treinamento: inovando no método

Com a conclusão óbvia de que a estratégia só consegue ser executada com pessoas qualificadas, preparadas, motivadas e com atitudes corretas, as organizações estão investindo mais em pessoas. Como já discorremos, entendemos que o foco maior de investimento seja na seleção. Sem isso não temos nenhuma garantia de que formaremos um time de talentos. Mas gostaria de falar em treinamento de profissionais.

Usualmente as empresas fazem levantamentos das necessidades e montam um plano onde se encaixam os profissionais da organização. O problema se inicia nesse levantamento. Normalmente são levantamentos abrangentes, empíricos e totalmente generalistas a respeito do que as pessoas "estariam precisando" para desempenhar melhor sua função. Desse plano originam-se os treinamentos que serão realizados ao longo de um ano e, ao final, temos a sensação de que investimos algumas centenas de horas por colaborador e ficamos todos satisfeitos. Mas e o resultado concreto? O quanto realmente as pessoas conseguiram evoluir, aprender ou desenvolver ao longo do programa? Quanto o programa de treinamento gerou para a organização através da conquista de novos clientes, redução de custos ou aumento da lucratividade? Sem a resposta a essas perguntas, o que chamamos de investimento é transformado totalmente em mais uma despesa, geralmente de alto valor.

Para mudar esse quadro, as organizações precisam pensar diferente e inovar no processo de desenvolvimento de seus profissionais. Isso já se inicia no mapeamento das necessidades, que deve ser feito de forma individualizada e não em massa como é o habitual. Para isso, temos de levar em consideração:

- estratégia da organização;
- cultura organizacional;
- *Balanced Scorecard* (indicadores de resultados);
- objetivos e metas de curto, médio e longo prazos;
- responsabilidades e atribuições atuais e futuras do cargo do colaborador;
- inventário de competências, habilidades e atitudes do colaborador.

Todo treinamento a ser promovido pela organização deve estar alinhado à sua estratégia e cultura organizacional, pois do contrário corre-se o risco de gerar desalinhamento. Vejo empresas de alto padrão enviarem multidões de profissionais para programas de palestras de "autoajuda". Talvez queiram fazer com que as pessoas sejam aprendizes de "monges". Um pouco de histórias de sucesso até é agradável, mas reforça a estratégia? Ou serve para gerar dúvidas e desalinhamento? Deve-se ter muito cuidado para que haja ressonância entre o que as pessoas ouvirão e aquilo que a cultura e a estratégia da organização determinam.

Os treinamentos também devem ter foco em indicadores, objetivos e metas que a organização está almejando. Se a organização, por exemplo, está buscando inovar, lançar novos produtos e serviços ou expandir geograficamente sua atuação, logicamente os treinamentos devem ter essa finalidade, de forma direta ou indireta, caso contrário perde-se uma excelente oportunidade para impulsionar os resultados e reforçar a atividade de treinamento como investimento.

Quando avaliamos as atribuições e as responsabilidades do cargo, temos de fazê-lo de forma holística, verificando a sua interação com a estratégia, cultura e metas da organização. E temos de fazer isso imaginando as competências atuais e as futuras.

Somente após uma ampla avaliação envolvendo a estratégia, cultura, metas, indicadores e responsabilidades futuras do cargo, devemos nos voltar para o profissional em si. E a partir de então, avaliarmos de forma pragmática o potencial de desenvolvimento desse profissional (inteligência cognitiva e emocional), suas capacidades, suas habilidades e suas atitudes. Desse cruzamento entre estrutura x pessoa é que identificaremos, de forma clara, quais serão os conteúdos e os assuntos que deveremos ofertar para esse profissional, de forma a auxiliá-lo na obtenção dos conhecimentos necessários para desempenhar sua função com melhor performance no presente e no futuro.

Com essa metodologia, aumentamos sensivelmente a oportunidade para as organizações fazerem dos seus processos de treinamento e desenvolvimento um verdadeiro investimento, com pragmatismo na busca do retorno.

Se mantivermos o método atual, as empresas continuarão a desperdiçar uma excelente oportunidade, fazendo do treinamento mais uma despesa que encarece seu custo e reduz sua capacidade de competir.

A maioria das empresas brasileiras ainda está fazendo dessa forma, infelizmente. Mas isso é uma ótima notícia. Significa que a sua empresa pode inovar em treinamento e, com isso, conseguir alavancar o seu crescimento com pessoas mais bem preparadas para o futuro que já começou.

• SEGUNDA PARTE •

Cultura e Valores

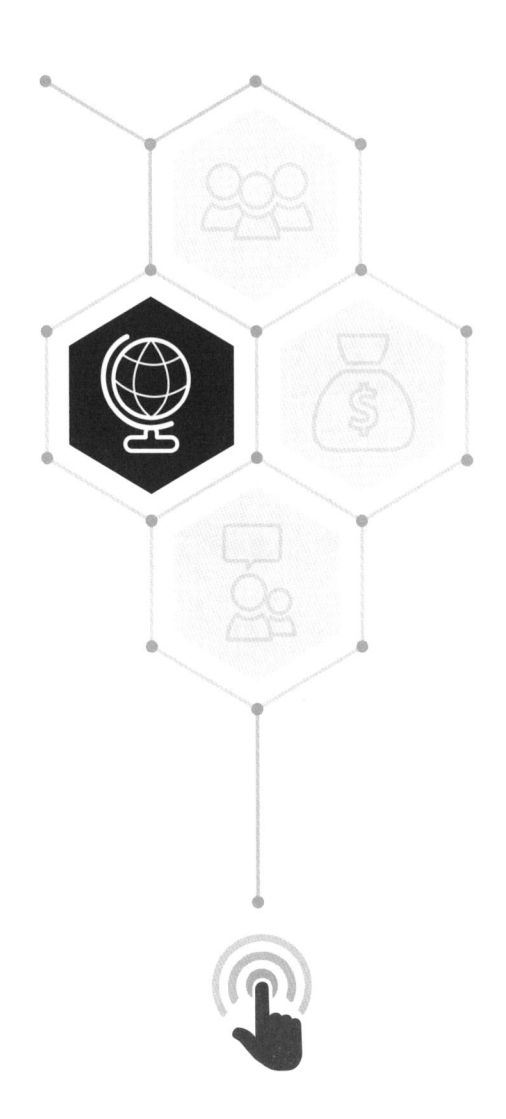

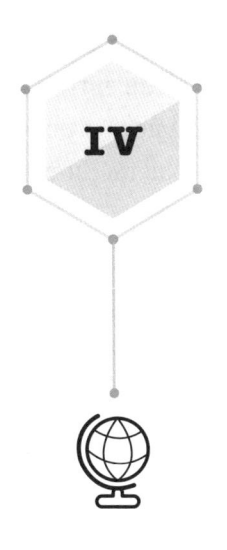

IV. A importância do fortalecimento da cultura empresarial

A grande virtude

Quanto mais avançamos na ciência da administração, mais fica claro que qualquer organização deve ser gerida sob o tripé estratégia, processos e pessoas.

Sem uma estratégia inteligente, exclusiva e criativa, não há nenhuma garantia de sobrevivência a longo prazo; e sem processos consistentes, eficientes e eficazes, a estratégia não se consolida nem gera resultados.

Mas não adianta uma excelente estratégia, baseada em processos competentes, sem pessoas preparadas. O que liga a estratégia aos processos são as pessoas.

Pessoas capazes, preparadas, competentes, responsáveis e maduras são a diferença entre o sucesso e o fracasso na execução da estratégia.

Preparo técnico, acadêmico, habilidade em idiomas e atualização contínua na área de atuação são o "passaporte" de entrada para o mundo corporativo. Sem essas credenciais básicas o profissional não terá nenhuma oportunidade de acesso às melhores colocações nas organizações.

E a diferença? A diferença está na atitude, no comportamento! O que se requer hoje são seres humanos maduros, responsáveis e que assumam verdadeiramente um compromisso com o resultado e, para isso, lance mão de todas as suas habilidades, conhecimento e caráter.

As organizações anseiam por profissionais que liderem pessoas, processos, recursos, projetos, independentemente de terem ou não um cargo de chefia. E não há liderança e resultados sem DISCIPLINA.

Temos uma ideia equivocada de que *disciplina* tem a ver com alienação ou até força física e menos ideia e pensamento. Uma pessoa disciplinada está longe de "ser fechada". Uma pessoa que tem disciplina é alguém que tem maturidade suficiente para exercer a sua responsabilidade, além de livre-arbítrio para assumir e cumprir compromissos, prazos, projetos e tarefas.

Ter disciplina é obedecer a si mesmo. Quem pratica a disciplina é capaz de verificar se algo deve ser feito (e não se gostaria de fazer!) e de fazer aquilo com o qual se comprometeu a fazer, seja para alguém ou consigo mesmo.

Em um mundo altamente dinâmico, onde a mudança reina absoluta, ter disciplina para planejar (e replanejar), executar e controlar suas atividades é a grande virtude.

E o mais importante é que disciplina se adquire. É claro que a educação e a convivência harmoniosa com a família, em um ambiente que fortaleça o caráter, a transparência e o diálogo, são fomentadores da *disciplina*. Mesmo adultos, em qualquer idade, podem adquirir esse hábito e valor tão importantes.

É importante, portanto, praticar a *disciplina*, já que sem ela não poderemos ser protagonistas da nossa vida. Através da disciplina aprendemos, ensinamos, erramos, mas acertamos e, principalmente, vencemos!

Cultura organizacional: alinhamento

Se a cultura organizacional é a personalidade das empresas, é fundamental que ela seja harmônica e coesa e sirva de base para que os propósitos e os objetivos empresariais se concretizem. Temos, portanto, de capitalizar esforços e recursos no sentido de unir todos os colaboradores da empresa em torno de sua cultura organizacional, tornando-a forte e consistente, de forma a servir de base também para o desenvolvimento de toda a equipe de trabalho.

Apresentaremos de forma macro uma metodologia capaz de alinhar a cultura organizacional de uma empresa. O trabalho de um consultor externo na condução de todo processo com certeza o facilitará em muito, graças à sua expertise nesse tipo de trabalho. Mas caso não seja possível, a empresa pode designar alguém com esse perfil para a condução do processo.

Ponto de partida: alta direção

A alta direção, com o apoio ou não de um consultor externo, se reúne e, de forma sistematizada e preparada, discute todo o histórico da empresa, seus pontos fortes, suas fraquezas, suas conquistas, suas perdas ao longo do tempo, o que eles acreditam que impulsiona a empresa e aquilo que eles entendem que segura o seu avanço.

Desse encontro, em um ou mais dias, deve sair uma proposta de VISÃO DO FUTURO da empresa e de seus VALORES, que podem ser mais ou menos de uma dezena.

A visão é uma declaração de como a empresa se vê no futuro, é para onde ela quer ir. Os VALORES são aquilo que a empresa acredita ser o seu alicerce para atingir a visão. Alguns exemplos são: integridade, ética, qualidade, sinergia, melhoria contínua, energia, iniciativa, proatividade entre outros. É fundamental nesse processo que não se inicie tal discussão e trabalho já na listagem dos valores. Deve-se discutir todo o histórico e situação atual (cenários, pontos fortes etc.), indo para a visão e chegando aos valores.

Ao final do primeiro encontro, todos devem ficar com uma cópia dos trabalhos apresentados e terão o compromisso de revisar o material e apresentar propostas já formatadas.

Definindo a visão: alta direção

Em um segundo encontro, a alta direção deve novamente se reunir e, de comum acordo, consensar a versão definitiva da sua VISÃO DO FUTURO, que será o seu grande guia na formação e/ou revisão da sua estratégia empresarial.

Nessa reunião deverá sair em consenso uma "minuta" dos VALORES, numa listagem de dez a vinte valores, preferencialmente. Ainda, portanto, não temos a versão final desses valores.

Definindo os valores: alta direção e gerências

Em um encontro que congregue toda a direção e as gerências, a minuta de valores elaborada pela diretoria deve ser discutida por todos, de forma totalmente participativa, ser bem detalhada e criteriosa, no sentido de se definirem os VALORES que realmente representem a cultura organizacional da empresa, para que sejam reais agentes motivadores de toda a equipe de trabalho. Além disso, os valores devem constituir a base para hábitos e práticas que tornem a empresa mais competitiva no presente e no futuro.

Às vezes, uma só palavra não consegue abranger todo o sentimento incluso no valor que a empresa quer expressar, logo esse exercício e tal discussão devem ser extensivos, para minimizar possíveis erros. Devemos nos lembrar de que toda a organização deverá estar alinhada aos mesmos valores, razão pela qual o excesso na discussão no momento de sua definição não deve ser considerado um pecado.

A partir daí, temos uma nova "minuta" dos valores ou já podemos ter a sua própria definição.

Alguns exemplos de valores e descrição:

INTEGRIDADE: não há maneira certa de se fazer o errado.

QUALIDADE: faremos sempre certo da primeira vez.

INICIATIVA: sempre haverá algo ao nosso alcance a ser feito.

Recomendamos a definição de no máximo oito valores, sob pena de sua disseminação ficar comprometida.

Disseminando os valores: todos

Com a definição, cabe à alta direção comunicar formalmente para toda a organização a VISÃO DE FUTURO e os VALORES EMPRESARIAIS que formam a sua CULTURA ORGANIZACIONAL.

Após a comunicação formal, deve haver uma ampla campanha de divulgação e disseminação por toda a empresa, utilizando-se de jornais internos, quadros de avisos, palestras, cartões, concursos, procurando a maior participação de todos e seu real comprometimento com os valores definidos.

Internalizando os valores: alta direção e gerências

Cabe a todos, mas notadamente à alta direção e gerências, o papel de incentivar e cultivar a prática dos valores na organização através de reuniões, seminários, campanhas, enfim, do congraçamento em torno dos que realmente acreditamos formar a ALMA da empresa.

Não se conhece, ainda, uma melhor forma de ensinar e motivar do que senão através do EXEMPLO. Se a alta direção e as gerências PRATICAM os VALORES, toda a equipe internaliza e pratica também.

Conclusão

As empresas investem uma fortuna na compra de equipamentos, softwares, estruturas comerciais, e parecem se esquecer de que quem faz a diferença são as PESSOAS e tê-las motivadas a fazer o melhor de si é a melhor e maior VANTAGEM COMPETITIVA que está ao nosso alcance. E o processo de formação e alinhamento de uma CULTURA ORGANIZACIONAL é um investimento sistematizado e focado na obtenção do COMPROMETIMENTO das PESSOAS para a estratégia empresarial da organização.

Está passando da hora de vencer o paradoxo de valorizar as pessoas, mas de não investir nelas, sob pena de a empresa não sobreviver.

Cultura organizacional: a personalidade das empresas

Temos e damos um enorme valor à nossa personalidade, que é formada pela educação que recebemos e pelas experiências que vivemos ao longo de nossa existência.

Há alguns anos começamos a dar o verdadeiro valor, em toda a parte, ao que não é dominado pela razão, nas nossas atitudes. Começamos a valorizar o sentimento, as sensações, a intuição, a emoção. Hoje, chamamos, comumente, de inteligência emocional esse conjunto que pode determinar que algumas pessoas vivam melhor a vida, independentemente apenas de sua inteligência, baseada na razão.

Se a EMOÇÃO é tão importante às pessoas para obtenção de resultados e de sucesso, o que isso tem a ver com as EMPRESAS? Para as empresas, também é importante conhecer e trabalhar a "inteligência emocional", ou seja, a sua "personalidade". Sim, empresas têm personalidade, elas são organismos vivos, dinâmicos e em contínuo aprendizado. Chamamos a "personalidade" das empresas de cultura organizacional.

A "cultura organizacional" das empresas é formada pelo conjunto de valores, princípios e crenças que, ao longo do tempo, vão sendo formados pelas pessoas e pelos relacionamentos entre elas, seja internamente, seja na interação com o ambiente externo, através de clientes, fornecedores, governo e outros. Assim, às vezes, temos empresas do mesmo ramo de negócio com procedimentos operacionais muito similares, mas com exigências de comportamento dos colaboradores muito diferentes. Trata-se da diferença que se dá pela cultura organizacional, que nem sempre é similar, sendo até, às vezes, antagônica. Temos engenheiros dinâmicos, ousados, empreendedores e temos outros engenheiros analíticos, técnicos e comedidos. Os dois grupos podem ter bons resultados, ainda que o fator personalidade os diferencie. O mesmo se dá com as empresas e sua cultura organizacional.

A cultura de uma empresa vai sendo formada inicialmente pela própria personalidade do empresário, que naturalmente tenta implantar nela uma filosofia de trabalho e de vida que ele acredita ser correta. Depois, com o crescimento das organizações, toda a soma de personalidades diferentes, dos relacionamentos e experiências vividas, a cultura vai sendo formada, constituída e, sem que as pessoas a percebam claramente, se instala e se torna presente. Vamos dar alguns exemplos que possibilitarão "enxergar" a cultura organizacional em ação.

Há empresas em que é muito comum colegas de trabalho terem amizade fora do ambiente profissional e até se enamorarem, o que evolui, às vezes, para casamento. Em outras empresas isso é terminantemente proibido. E onde está a cultura? Está, na maioria das vezes, em algo em que não há nada escrito, mas cujas "regras" estão internalizadas nas empresas e todas as pessoas de maneira geral as conhecem e as respeitam. E como se deu esse processo? Esse processo acontece quando, em algum determinado momento no passado, um colega namorou uma colega e ninguém se importou ou até mesmo incentivou. E isso veio se repetindo e todos passaram a compreender que é "normal" as pessoas se conhecerem, se enamorarem etc. Da mesma forma, em algum momento duas pessoas tentaram ter um relacionamento transparente dentro da empresa e, por "coincidência", uma delas foi demitida. E acontece, novamente, uma terceira vez, enfim, todos já sabem que namorar no trabalho não é um fator de permanência no emprego. E assim é de conhecimento de todos que faz parte da cultura organizacional da empresa um ou outro comportamento.

Em algumas outras empresas (na maioria, talvez), há muita fofoca e pouca confiança entre as pessoas. Chefes acabam por "ouvir apenas a perspectiva de quem está contando" e tomam decisões baseadas em fatos nem sempre relatados (ou delatados) de forma profissional. São ambientes onde as pessoas sabem que o "relacionamento" é mais importante que a competência e/ou os resultados atingidos. E isso leva a todo um comportamento nocivo para os bons profissionais, que são rapidamente dilacerados por essa cultura ou acabam se amoldando a ela, tornando, como os outros, parte dessa engrenagem viciada e infeliz. Esse exemplo é negativo, assim como outros fatores de nossa personalidade também podem ser. Usando um exemplo oposto: há empresas em que a fofoca e a maledicência não são toleradas. Numa oportunidade, um amigo me contou que um método de seu diretor é não permitir o clima de delação e desunião na empresa. O processo é muito simples e o aplico sempre com muito sucesso. Para isso, quando um subordinado lhe fala sobre outro, seja de forma inconsciente ou consciente (maldosa), basta interromper a conversa e convidar outra pessoa para, ali, no ato, participar daquele encontro. Com toda a certeza, você o colocará numa enorme "saia-justa". Para as pessoas, duas coisas ficarão claras: você não ouvirá apenas uma perspectiva e irá querer sempre a transparência. Isso tem um enorme efeito multiplicador na empresa. Com o passar do tempo, fará parte da cultura daquela empresa, o valor da transparência!

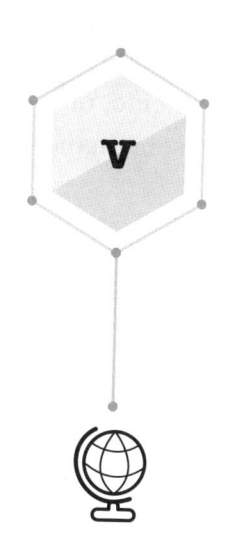

V. Mudar, evoluir e manter a essência

Empresa: local de democracia?

Desde a elaboração da teoria das Relações Humanas, as discussões em torno da necessidade de uma maior participação das pessoas nas empresas através do trabalho em equipe, de sugestões de melhoria, entre outros, vêm crescendo, para se tornarem praticamente lugar comum. Hoje qualquer empresa, independentemente do porte, tem quase por obrigação dispor de um programa de sugestões, além de realizar reuniões com equipes e pesquisas de clima organizacional, sob pena de administrar sob os moldes de Taylor ou Fayol (pois é, alguns os consideram ultrapassados ao extremo, a ponto de utilizarem até termos pejorativos ao se referirem a eles).

Não temos dúvida, a participação das pessoas em todos os processos de trabalho é fundamental para o sucesso empresarial, porém, cabe perguntar: e a que nível essa participação deve ocorrer? Vamos procurar esclarecer.

Por conta dos diversos programas de competitividade empresariais, principalmente a partir da década de 1980, mediante questões como qualidade total, manutenção produtiva total, *kanban, just-in-time*, células de produção, teoria Z e, mais recentemente, inteligência emocional, gestão do conhecimento, organização que aprende, as pessoas estão confundindo sobremaneira o modo como a participação deve ser exercida.

O tema com maior número de publicações sobre negócios no mundo é liderança. Existem milhares de conceitos e livros sobre liderança, indo dos escritos de Peter Drucker, Ford, Fayol, Taylor, Maslow, até os métodos de Jesus Cristo de administrar e, claro, do mega executivo Jack Welch — todos querendo apresentar uma receita das características do líder eficaz. Nós também temos a nossa teoria dos fatores de sucesso da liderança. E se todos têm a receita, como tantas receitas diferentes são publicadas e seguidas? Porque, apesar das linhas semelhantes, não há consenso sobre o que faz alguém ser um excelente líder. As discussões vão desde a origem da competência da liderança: é nato ou pode ser adquirido? E assim vai.

Se não há consenso sobre o que faz um líder, há, no entanto, certa homogeneidade acerca do que "não faz" um líder. E nesse contexto vamos falar sobre a participação das pessoas.

Sabemos que, atualmente, na maioria dos momentos, não se faz uma liderança eficaz com autoritarismo gratuito. O manda quem pode, obedece quem tem juízo não tem mais espaço em um mundo altamente volátil, onde a única coisa que predomina é a mudança. Pessoas que não ouvem a sua equipe não reconhecem as diferenças existentes entre seus subordinados, não sabem gerenciar mudanças, não fomentam a confiança e o trabalho em equipe e não têm espaço nas organizações de hoje. Estão ainda vivendo a época do sistema feudal e pré-capitalismo. Quanto a isso não há dúvida, precisamos de líderes e não apenas de chefes.

Mas, ao negar a liderança forjada, malfeita, preconceituosa e despreparada, estamos gerando uma definição ambígua sobre o papel do líder, levando muitos a crerem que o líder é apenas um coordenador do processo e que as decisões devem ser tomadas de forma consensada pela equipe. Essa interpretação incorre em erro e, infelizmente, não tem sido rara.

Ao buscar uma organização mais flexível, ágil, criativa e motivada, muitos líderes estão transformando suas empresas e sua liderança em democracia, fazem prevalecer a vontade da maioria e, ao fazê-lo, abdicam de forma irresponsável de sua principal função (e própria razão de ser): tomar a decisão!

O líder deve gerar na sua equipe o desejo nato de ser seguido, mediante seu exemplo, sua capacidade técnica e liderança, sua responsabilidade, sua autoestima e sua extrema confiança na sua visão de futuro, porém de forma alguma o líder deve procurar a popularidade, como afirma o mestre Peter Drucker. Essa não é uma característica do líder. O líder deve fazer o que é necessário fazer!

Muitas vezes, vemos situações de trabalho e decisões empresariais sendo decididas "democraticamente", pela vontade da maioria dos que compõem a equipe de trabalho que participou do processo. Isso é aceitável apenas quando uma decisão envolve diretamente e somente a equipe de trabalho e não tem impacto significativo para a empresa. Como exemplo para esse caso, podemos citar decisões sobre a cor do uniforme, os cardápios da refeição, o grupo que dará o show de final de ano. São decisões que impactarão positivamente no clima de trabalho e "podem" ser decididas democraticamente. Fora desse contexto, decisões de cunho estratégico, tático e até operacional, que irão gerar custos, propiciar imagem, vendas ou qualquer processo da empresa não podem ser decididas de forma democrática.

Estaria eu, então, negando o valor da participação das pessoas na empresa? De forma alguma. Já afirmei antes que, no mundo de hoje, a grande diferença competitiva está nas pessoas, mediante seu comportamento e sua atitude. Então como fazer? O líder deve OUVIR as pessoas, incentivar a PARTICIPAÇÃO e o trabalho em EQUIPE, gerando sinergia e comprometimento.

Um líder deve, sim, ser PARTICIPATIVO, e aí está a grande diferença. Ser participativo é ouvir sua equipe, colocar os problemas em discussão, debatê-los sob diversas óticas, incentivar a criatividade e receber das pessoas energia na solução de problemas ou geração de soluções inovadoras. A DECISÃO, porém, é inerente à função do líder e é este seu motivo de existir: apontar o caminho. Nesse momento, não há espaço para a vontade da maioria. O líder deve ouvir, ser participativo e receber todos esses *inputs* para que possa tomar a decisão mais acertada possível.

Empresa e liderança devem ser participativas, sim, não há dúvida, mas empresa não é lugar para democracia.

Mudar é preciso

Falamos insistentemente em mudança nos dias de hoje. Claro que é absolutamente normal tratar de mudanças, pois nunca vivemos um momento tão fantástico de alterações em todos os campos do conhecimento e das relações. Todos, de alguma forma, pregam a necessidade de mudança, seja nas universidades, nos negócios, nas empresas e até nas religiões. Estamos diante de uma "onda" de necessidade de ver o novo com os olhos das oportunidades e não de ameaças. Mas será que estamos conseguindo realmente fazer com que as pessoas se conscientizem da necessidade de mudar o seu comportamento? Eu tenho realmente muitas dúvidas em relação a isso.

O mundo, as empresas, as universidades, as comunidades, as famílias, todos somente mudam se as pessoas mudarem. Isso é fato e é fundamental para que compreendamos realmente onde os esforços devem ser centrados. Toda a literatura atual, do campo de negócios à autoajuda, fala da necessidade de se ter flexibilidade de pensamentos e de comportamentos, principalmente diante do avanço implacável da globalização. Assistimos a palestras, cursos e treinamentos, sempre com o mesmo mote: precisamos mudar. Mas, quando no dia a dia das empresas observamos o comportamento das pessoas, sabemos que estamos a anos-luz de algum movimento concreto de resultados positivos na consecução de novos hábitos pessoais e profissionais exigidos atualmente. As empresas e os gerenciadores dos processos de mudança parecem se esquecer de que o "querer" é individual e unilateral. Ninguém quer por outro. Apenas a pessoa, por si, é capaz de decidir por uma mudança de hábito, comportamento ou atitude. Como buscar, então, eficácia nesse processo? Vamos procurar, de forma geral, fornecer um caminho de atuação.

As pessoas estão geralmente acostumadas (e acomodadas) a uma situação atual, qualquer que seja ela. Com a casa que mora, com o curso que faz, com o trabalho que realiza, até com o companheiro ou companheira que vive. A qualquer possibilidade de alteração nessa zona de conforto, há uma imediata resistência, até certo ponto compreensível e natural, porém se faz fundamental para a empresa ou instituição que estiver buscando um processo de mudança, que tal resistência seja minimizada, em um primeiro momento, e eliminada, na sequência, sob pena de fracassar em seus objetivos.

As organizações, portanto, devem dedicar tempo e recursos objetivando comunicar, de forma clara e transparente, o processo de mudança a ser iniciado ou em curso, os motivos que as levaram a tomar uma decisão e, principalmente, os resultados que esperam, ou seja, a sua "visão de futuro" do processo e da organização. Isso não se pratica apenas numa reunião ou numa palestra. Estamos nos referindo a um processo e, como tal, deve ser sistematizado e comunicado com profissionalismo, muita dedicação e persistência, pois, do contrário, a visão não será um elemento motivador do processo de mudança. É fundamental nesse trabalho a participação ativa e expositiva do presidente da organização. Ele deve se comprometer pessoalmente com a mudança e com os resultados que espera, sob pena de novamente as resistências triunfarem sobre os nobres ideais do novo.

A resistência deve também ser combatida com o desconforto. É preciso que as pessoas sejam tiradas, literalmente ou psicologicamente, de sua zona de acomodação. Como se trata de um processo importante para a organização, todos devem ser esclarecidos sobre a "regra" do jogo, sobre o que ganham em abraçar o processo e o que perdem ao oferecer resistência. O que une uma equipe são os objetivos unificados e não os relacionamentos. Não haverá chance alguma de êxito para uma equipe ou organização se os membros não estiverem "remando para o mesmo rumo". Mas podemos gerenciar esse processo de forma igual para todas as pessoas? Não, precisamos ter o cuidado e o bom senso de adequar esse processo ao perfil das pessoas envolvidas.

Há pessoas que, pela sua formação de caráter e de personalidade, caso não concordem com uma nova proposta, têm a nobreza de se afastar da organização ou do processo, de forma transparente e íntegra. Mas isso não é regra. Infelizmente, as pessoas menos qualificadas ou mais fracas de moral acabam permanecendo na organização, mas com um comportamento nocivo, buscando sabotar o processo de mudança em curso. Precisamos diferenciar o tratamento. Para as pessoas que, sabemos, são comprometidas (ou foram até o momento) com a organização, vamos dedicar mais tempo para "convencê-los" de sua importância para o novo projeto. Para as pessoas que tratam a organização como mais um emprego, sem se identificar com os seus propósitos, sem realmente "vestir a camisa", o caminho deve ser apenas um e com rapidez: o desligamento. Não adianta perder tempo para minimizar a resistência de quem nem deveria estar no processo.

Com as pessoas realmente comprometidas devemos tentar mais, verificando como reagem aos impulsos e às pressões, para que possamos trazê-las para o processo e utilizar a energia da lealdade presente nelas. Há pessoas cujo maior investimento deve ser na comunicação da visão do futuro. Elas geralmente são proativas e veem no novo uma enorme oportunidade de aprendizado, crescimento e desenvolvimento profissional e pessoal. Não há necessidade do desconforto, pois a visão dos resultados em si já é suficiente para incluí-las no projeto de mudança.

Há, porém, outras pessoas que, em virtude de sua formação familiar ou básica, são mais receosas e resistentes ao novo. São comprometidas, mas não querem sair das situações de acomodação em que se encontram. E elas somente tomarão uma decisão de mudança se forem realmente desconfortadas, sabendo claramente o que perdem ou deixam de ganhar com seu comportamento resistente. Nossa experiência demonstra que a maior parte de todos os que já são comprometidos com a organização acaba por abraçar os processos de mudança que se fazem necessários, porém, mesmo dentre os comprometidos, há os que não aderem. Para esses não deve haver demora, pois a sua resistência poderá contaminar os outros e o processo.

Precisamos de competência, já!

Relatarei algumas situações ocorridas comigo ou com amigos, todas reais, e gostaria que o leitor avaliasse se já não "as conhece" de alguma forma.

1ª situação: numa viagem ao exterior, efetuamos pela internet a reserva de carro, hotéis e até bilhetes de espetáculos. Também, com a devida prudência, entramos em contato com a administradora dos cartões de crédito para informar seu uso no exterior e evitar qualquer tipo de constrangimento com os procedimentos antifraude. Chegando ao país de destino, vocês podem adivinhar o que ocorreu: ao alugar o carro, o cartão não foi autorizado. Troquei para outro cartão e depois liguei para a administradora. A atendente me informou que era um procedimento de segurança e que, ao fazer a primeira compra no exterior, deveria ligar antes. Um absurdo! E sem qualquer informação ou orientação anterior! Todas as reservas feitas nas empresas estrangeiras foram cumpridas sem nenhum problema. Já no Brasil... Isso é pura incompetência.

2ª situação: um amigo na semana passada, ao acessar a internet, não conseguiu estabelecer conexão e, depois de duas ou três ligações para a operadora, descobriu que seu boleto não havia sido enviado e, portanto, não tinha sido pago. Escutou da atendente que ele é quem deveria ter percebido que o boleto bancário não foi enviado, que deveria ter entrado em contato e realizado um pagamento avulso (que só se faz pessoalmente no banco). Incompetência absoluta e total desvalorização do cliente!

3ª situação: hospedo-me sempre no mesmo hotel em Porto Alegre. Há algum tempo, reclamei de, a despeito de sempre chegar muito cansado ao hotel, ter ainda de preencher a mesma ficha com vários dados pessoais. O atendente me disse que eu preencheria somente aquela última vez e "nunca mais" seria necessário fazê-la novamente, já que estavam implementando um novo sistema. E na semana passada, quando retorno ao mesmo hotel, bingo! Pedem-me novamente para preencher a mesma ficha. Ao indagar pela milionésima vez, a recepcionista ainda me responde que o colega dela é quem nunca deveria ter prometido que não aconteceria de novo... Incompetência!

4ª situação: ao embarcar em Porto Alegre o atendente da companhia aérea localizou duas reservas em meu nome. Expliquei o porquê da duplicidade e qual delas ele deveria considerar. Ele afirmou que entendeu e emitiu os dois bilhetes, incluindo o da conexão. Qual não foi minha surpresa quando cheguei em Brasília e, ao tentar embarcar para Manaus, não me permitiram entrar no avião, pois o bilhete era para outro voo, que seria mais tarde, ou seja, o atendente em Porto Alegre, apesar de eu lhe explicar detalhadamente qual era a minha reserva, tendo ainda o meu bilhete em mãos, acabou por utilizar a outra reserva. Com muita pressão consegui embarcar, enquanto minha bagagem seguia em outro voo para Manaus. É muita incompetência!

5ª situação: um amigo no aeroporto me contou que na semana passada embarcou para o Brasil em um avião de companhia brasileira, quase lotado. No país que ele visitava, a operação de alfândega e despacho foi muito rápida. Ao chegar ao Brasil havia um único policial federal para dar entrada nos passaportes e a demora foi enorme. O voo é regular, a informação da quantidade de passageiros está disponível e mesmo assim expomos as pessoas, que estão há cinco, oito, dez horas viajando, em uma fila interminável com um único profissional atendendo? Isso, sim, é muita incompetência!

Tenho certeza de que muitos de vocês já passaram por exemplos similares. Lembram-se do buraco do Metrô de SP dragando carros, avenidas e vidas? E dos parques de diversões pelo Brasil que matam crianças enquanto brincam? E passarelas que caem antes de serem inauguradas? E prédios que desmoronam arrastando a economia e a vida de pessoas? Do carro que acaba de sair da assistência técnica e apresenta o mesmo barulho? Da consulta que não acontece porque o médico viajou e ninguém te avisou antes? Do restaurante inaugurado com pompa e que não tem um único estacionamento? Da compra que é frustrada, porque, apesar de constar no "sistema", o produto não existe de fato? Dos casos corriqueiros de bebês trocados em hospitais? Infelizmente, somos um país incompetente, feito de pessoas e profissionais, em sua maioria, incompetentes...

Se não aceitarmos isso, nunca iniciaremos alguma mudança nesse quadro. Temos de aceitar que não temos qualidade para entrarmos em "G" qualquer coisa, seja G8, G20, ou outro G51! Se tivéssemos de escolher uma única bandeira, escolheria: COMPETÊNCIA & QUALIDADE!

Transparência e franqueza

Neste momento em que muitas empresas estão descobrindo a importância de se alinhar a sua cultura organizacional, um dos valores mais comentados é o da TRANSPARÊNCIA, ou seja, muitas organizações estão definindo transparência como um dos seus valores e princípios organizacionais. Isso é bom? Claro! É ótimo! O problema, porém, é realmente praticar esse valor.

Paradoxalmente, um valor que deveria ter o seu significado "transparente" — para fazer um jogo de palavras — acaba sendo moldado à conveniência das pessoas e das empresas como algo que a empresa quer e não como um valor a ser utilizado no dia a dia da organização. E por que isso? Com toda a certeza, ainda estamos longe da coerência entre discurso e prática quando falamos em transparência e franqueza entre as pessoas. Temos todos nós uma enorme dificuldade em aceitar críticas e ideias contrárias às nossas. Para sobrevivermos na selva do capitalismo e do mundo organizacional, nós nos fazemos cada vez mais um animal político e mutante, conforme os interesses pessoais e o retorno que temos do sistema, acerca do que é "certo e errado" como conduta. Esquecemo-nos da educação familiar básica, a qual nos ensinou que ser franco e transparente é algo muito nobre e possui valor moral. À medida que subimos de hierarquia, porém, vamos desaprendendo o que é ser transparente, de modo que aquilo que todos exigem de nós passa a ser uma "polidez" disfarçada de apatia, omissão e introspecção. Diante de uma atitude como tal, impossibilitamos as pessoas de saber realmente o que pensamos e qual é nossa opinião acerca de alguma coisa. Mas elas têm consciência do jogo do qual estamos participando. Aí a empresa e as relações de trabalho viram uma grande novela com falas ensaiadas e pré-elaboradas.

Mesmo nas relações do ambiente de trabalho externo, entre fornecedores e clientes, parceiros de trabalho, empresa e governo, sentimos o mesmo desejo de adaptar o que entendemos como "transparência" àquilo que nos interessa. Novamente o jogo do faz de conta é a regra e a prática da franqueza, de forma literal, acaba por ser vista como imaturidade ou pouco preparo para lidar com situações! Fornecedores que sabem que seu cliente está errando em algum processo não comunicam, pois têm receio de ferir alguém que possa vir a lhe prejudicar futuramente em suas relações comerciais. Parceiros de ganhos mútuos, da mesma forma, deixam de relatar claramente os problemas e as necessidades da relação, pelo mesmo tipo de temor. E novamente as relações vão se tornando uma enorme peça de teatro.

Nas relações em que o indivíduo tem a oportunidade de se expor, de colocar suas opiniões, projetos, ideias, mais uma vez a franqueza passa a ser taxada ou encarada até de forma depreciativa, sinônimo, muitas vezes, de pouco controle emocional ou maturidade.

Em uma palestra em Buenos Aires, alguns anos atrás, o professor Edward de Bono, mestre americano em consultoria organizacional, apresentou uma pesquisa entre as maiores empresas do EUA, relatando que menos de 10% da equipe de trabalho avisa seu chefe ou empresa quando sabe de um erro de decisão ou processo. Imaginem, nos Estados Unidos da América, onde a liberdade (pelos menos antes do segundo Bush) é um valor internalizado na cultura, apenas um décimo tem a coragem de ser franco com a empresa ou seu chefe! Imaginem quanto deve ser esse índice no Brasil, com nossa cultura baseada no que retrata o livro *Casa-Grande & Senzala,* do ilustre sociólogo brasileiro Gilberto Freyre.

Como consultores de empresas, nosso trabalho, resumindo, é dar conselhos que levem as organizações a um melhor resultado, dentro da área em que estivermos atuando. Conselhos se dão e não há a obrigação de segui-los. A decisão é do empresário ou do executivo que nos contrata. Cabe-nos ser o mais técnico e profissional possível, sugerindo ações que beneficiarão a empresa. A decisão, porém, é solitária e deve ser tomada pelo líder que nos contrata. Se nosso papel é este, o de dar conselhos, como poderemos ser leais ao próprio cliente e a nós mesmos se nos furtarmos de sermos transparentes e francos? Mesmo diante dessa situação que parece óbvia, de vez em quando, ouvimos de um cliente que fomos muitos "incisivos" em algum ponto, quando apenas fomos francos e transparentes, procurando com nossos "conselhos" agregar valor a seu negócio e empresa.

Como queremos que os nossos colaboradores participem, com sugestões, com ideias, se não estimulamos a franqueza? A falta de coerência entre a empresa querer transparência, mas agir com transparência, é notada de forma imediata pela cultura organizacional e o efeito é devastador no que diz respeito à confiança da equipe na organização.

É óbvio que não estamos confundindo conteúdo com forma. Não precisamos ser francos ou transparentes sendo rudes ou utilizando-nos de grosseria no linguajar ou no tom de voz. Mas quando nos lembramos da época de nossos avós, em que boa parte dos negócios era fechada no "fio do bigode", sabemos que ser transparente e franco é uma enorme virtude a ser cultivada na família e na empresa.

• TERCEIRA PARTE •

Liderança & Gestão

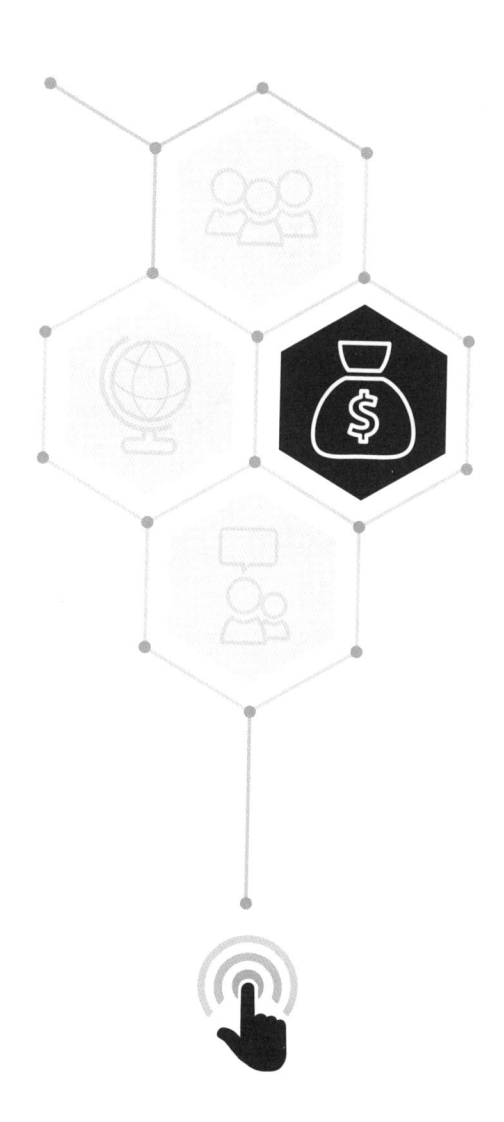

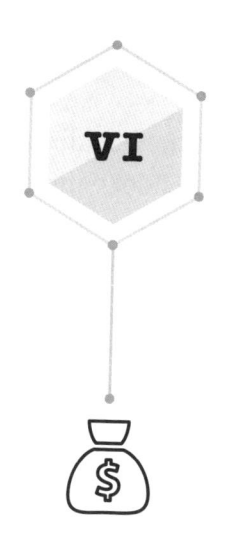

VI A essência da liderança

Crise: responsabilidades do líder

Já estamos vivendo a maior crise econômica da história do Brasil, provocada pelo *lockdown* instituído por governadores e prefeitos.

Seus efeitos em médio e longo prazos são imprevisíveis, podendo se tornar uma depressão econômica com consequências negativas por gerações.

No curto prazo a consequência é a destruição do fluxo de caixa das empresas privadas, com a inexistência de receita ou redução drástica, aumento da inadimplência e a perda da capacidade de honrar seus pagamentos. Em última instância, a falência, como já aconteceu com cerca de 600 mil empresas brasileiras, segundo reportagem da CNN Brasil com o Sebrae.

Gostaria especificamente de colocar aqui a minha visão de quais são as responsabilidades de alguém que neste momento lidera uma organização.

Conhecimento

O que se espera de um líder é que ele seja capaz de visualizar caminhos. Como fazer isso sem o conhecimento devido? Sim, é fundamental que os líderes pesquisem sobre a COVID-19, tanto nos aspectos médicos como nas diversas estratégias de enfrentamento dessa pandemia, como de outras que já aconteceram. Falo de buscar fontes técnicas e seguras.

Ao mesmo tempo deve se informar sobre economia e crises econômicas, incluindo depressão econômica e seus efeitos. Não faltam fontes históricas seguras sobre o assunto.

Também é fundamental se informar sobre as medidas econômicas que estão sendo tomadas pelo governo federal e nos respectivos governos estaduais da sua localização, vendo como isso pode lhe ser útil ou lhe abrir alguma oportunidade de redução de pressão do fluxo de caixa.

Atualizar o fluxo de caixa da empresa, analisar detalhadamente, linha a linha da receita e despesas, se faz fundamental.

Fazer um mergulho profundo nesses quatro pontos é responsabilidade do líder. Não dá para delegar. Não dá para ficar no macro, na superficialidade de notícias de imprensa ou redes sociais. Exige estudo. Exige conhecimento.

Valores e princípios

Frente ao momento tão delicado e de tantas incertezas, cabe ao líder mergulhar no seu interior e rever seus valores e princípios morais, no que realmente ele acredita e que, por convicção, não abandonará.

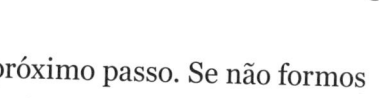

Isso será fundamental para o próximo passo. Se não formos responsáveis com nosso senso moral mais profundo, podemos tomar decisões que destruirão a nossa própria identidade.

Posicionamento

Com conhecimento sobre a crise em seus diversos aspectos, com informações precisas sobre o mercado e sua própria empresa e convicto dos seus valores pessoais, o que se espera de um líder é que ele tenha a coragem de se posicionar.

Posicionamento significa dizer no que acredita, as dúvidas que tem e qual será a bússola a lhe guiar.

Alguns exemplos para ilustrar: o líder acredita que o *lockdown* deve ser de todos ou focado no grupo de risco? Sobre a situação financeira da empresa, o foco será a preservação da própria organização e dos empregos da sua equipe ou o seu patrimônio pessoal? São verdadeiros dilemas. Precisam ser enfrentados, respondidos e com uma justificativa clara e transparente.

Ninguém segue alguém que não sabe para onde está indo ou não faz o que diz.

Equipe

Todos de uma equipe estão esperando a palavra do líder. Em uma crise, estão ansiosos, tensos e, ao mesmo tempo, esperançosos com o caminho que o líder apontará.

Na Segunda Guerra Mundial, a Inglaterra parava em frente a um rádio para ouvir o que Churchill iria dizer. E após um discurso seu, cada britânico sabia a verdade. Que poderiam não vencer Hitler, mas "que lutariam na França. Lutariam nos mares e oceanos. Lutariam com confiança crescente e força crescente no ar. Defenderiam a sua ilha, qualquer que fosse o custo. Lutariam nos campos, nas ruas e nunca se renderiam." Um povo e uma moral, antes e depois do posicionamento do seu líder. A história conta o restante.

Um líder não pode fugir de olhar de frente a sua equipe e lhe dizer como se posiciona, seja qual for o seu posicionamento. Precisa lembrar que ali estão pessoas como ele, com família, com sonhos, com planos, com fluxo de caixa, com despesas para pagar, com medo da pandemia e do desemprego. Você não tem todas as respostas? Não se preocupe, seja sincero com todos e com você mesmo.

Clientes & fornecedores

Uma empresa não existe sozinha. Sem clientes e vendas, quebra. Sem fornecedores também.

O líder deve, através do seu posicionamento, deixar claro para os clientes como serão atendidas suas necessidades, seja no fornecimento de produtos, processos de pagamento, interação com a empresa.

O mesmo respeito se deve aos fornecedores. Vejo empresas agindo com os fornecedores sem qualquer empatia. Cancelam contratos e pagamentos sem qualquer tentativa de buscar algo que não mate seu fornecedor. Isso tem a ver com os valores pessoais.

Decisões

O que diferencia, em sua última forma, um líder de outras pessoas que não têm essa função é a sua responsabilidade de decidir. Um líder pode e deve se aconselhar com outras pessoas da sua confiança. Mas a decisão é dele. Abdicar disso é abdicar de tudo.

O foco será na preservação da empresa ou do patrimônio pessoal?

Empregados são ativos ou a primeira despesa a ser cortada?

Buscarei capital externo para tentar salvar a minha empresa ou não?

Reduzirei as operações?

Aceito ser conduzido pelos interesses pessoais ou terei a coragem de me posicionar externamente sobre o que penso?

Corro ou enfrento?

São decisões difíceis. Verdadeiros dilemas. Responsabilidades do líder.

No verão de 1914, Sir Ernest Shackleton parte a bordo do Endurance com o objetivo de cruzar o continente antártico, passando pelo polo Sul. Mas a apenas um dia do desembarque planejado, o Endurance fica aprisionado em um banco de gelo no mar de Weddell e é destruído.

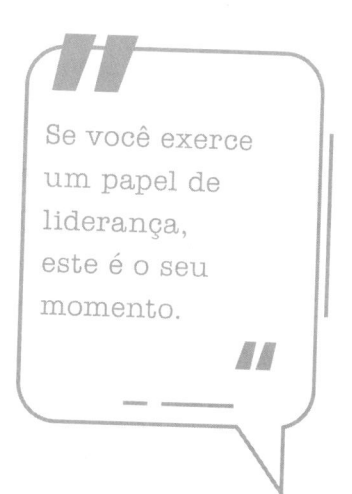

> Se você exerce um papel de liderança, este é o seu momento.

Shackleton mudou o objetivo. Agora é salvar a vida de 100% dos seus homens. Por 6 meses ele e sua tripulação sobrevivem em placas de gelo em uma das regiões mais inóspitas do planeta. Depois eles tentam voltar em botes salva-vidas. Encurtando a história, após quase 2 anos, Shackleton consegue que os 28 homens que partiram retornassem com vida para suas casas.

Shackleton foi um líder. Após mais de 100 anos seu exemplo ainda nos inspira. Uma frase de Shackleton ainda ecoa na história: "naquelas piores situações, conhecemos a alma nua do homem." Exato o que acontecerá agora nesta crise. Conheceremos as pessoas e seu caráter de forma crua, sem máscaras.

Do que é feito um líder

Salvo os livros religiosos, os que tratam do tema "liderança" são os que possuem maior número de publicações no mundo. A história da civilização se confunde com a história dos grandes líderes. Em todos os campos de atuação — nas artes, na política, no esporte, militar ou de negócios — as experiências dos grandes líderes fascinam a todos nós e se tornam fonte de inspiração, esperança e motivação.

No mundo corporativo não é diferente. As biografias e o legado dos grandes líderes empresariais proliferam numa velocidade espantosa, pela enorme aceitação e admiração que despertam.

Num momento em que o trabalho em equipe é tão valorizado e requerido, quase se torna um paradoxo constatar que o valor da liderança continue sendo tão importante e considerado crucial para o sucesso de uma organização. Mas esse fato não mostra uma incoerência. Pelo contrário. Em um mundo em que a mudança é contínua e numa velocidade alarmante, onde o conhecimento precisa ser transformado em sabedoria mediante o trabalho de equipes tão diversas, o papel do líder é fundamental para buscar dar ordem e indicar o caminho.

Algumas características de um líder são natas e outras tantas podem ser adquiridas com o exercício da prática sistematizada. Sem querer encerrar todas as características e responsabilidades de um líder vencedor, gostaria de citar algumas que, a meu ver, são básicas na prática da liderança competente:

Visão

Um líder precisa ter uma visão do "todo". Enxergar de forma abrangente, holística e sistêmica todo o contexto e perceber as interações do ambiente em que está inserido. Trata-se de característica que não é tão fácil de se encontrar, além de muito difícil de ser "ensinada". Vem da educação, da formação pessoal, escolar e profissional que a pessoa recebeu e que a tornará, assim, uma profissional não restrita ao "micro", mas capaz de ver o "quadro todo". O principal papel do líder é fornecer a direção, dar caminhos, enxergar ao longe um "oásis" quando todos só veem um deserto.

Competência

Vivenciamos a era do conhecimento, em que a tecnologia, a globalização, a genética, a nanotecnologia e outros vetores de mudança fazem o mundo se reinventar a cada dia. Em um ambiente como esse nenhum profissional lidera apenas por "saber mandar". Junto com o domínio das técnicas e ferramentas de gestão, a liderança tem de ser exercida com a autoridade moral de quem também tem competência na área que lidera.

Energia

Para que as ações sejam executadas e gerem resultados, deve haver um grande desprendimento de energia e esforço de toda uma equipe. Como conseguir isso se quem lidera está em um nível de energia inferior ou mesmo igual ao de sua equipe? Não há como. A energia do líder deve ser forte e inabalável, para que ele contamine as pessoas e as motive a dar o melhor de seu esforço na consecução dos objetivos.

Comunicação

Nunca, em nenhuma época da humanidade, uma habilidade foi tão requerida. O mundo atual, com excesso de informações e interações, exige uma capacidade superior de comunicação. É preciso nos fazermos entender por diversos canais e por diversos públicos, numa alta velocidade e dinâmica constante. Comunicar-se de forma clara, assertiva e com alta eficácia é, hoje, um diferencial claro dos melhores líderes.

Humildade

Uma palavra que achamos tão simples de entender e erramos tanto em seu significado é humildade. A humildade que se espera de um líder é a capacidade de reconhecer seus erros, se desculpar, aprender com eles e melhorar. É também a capacidade de aprender sempre, praticando a frase que o grande filósofo grego nos legou: "só sei que nada sei."

Responsabilidade e caráter

No ano de 2009, uma advogada brasileira forjou uma agressão de que teria sido vítima por neonazistas na Suíça, onde reside. Na época, a imprensa brasileira, de forma geral, se esqueceu do dever jornalístico de checagem da veracidade das informações e confiabilidade das fontes, "comprando" a história como se fosse a absoluta verdade, um caso hediondo de xenofobia. A diplomacia brasileira (na época), de forma ainda mais precipitada, assumiu as dores da brasileira e chegou a convocar o embaixador da Suíça em Brasília para pedir "empenho" nas investigações, visando punir os "três suíços" responsáveis pela atrocidade. O presidente da República do Brasil à época, no seu papel de "torcedor do Corinthians" também deu entrevistas condenando o "ataque" que a brasileira sofreu. De forma grotesca, ficamos sabendo que era tudo uma armação bem arquitetada (todos viram os cortes em seu próprio corpo, com a sigla de um partido de direita suíço) visando benefícios financeiros ou pessoais de alguma ordem. O chanceler brasileiro, ao invés de pedir desculpas de forma direta e transparente ao governo e ao povo suíço, deu uma nova entrevista em que dizia que "o importante no momento (independentemente da verdade) era apoiar a brasileira naquela circunstância difícil", ou seja, não importa o tamanho da irresponsabilidade, o Brasil apoiará o seu "cidadão" irresponsável. Bela mensagem enviada a todos nós brasileiros e ao mundo (é ironia). Fico ainda mais perplexo por tantas ações desastradas que cometemos.

Todos os anos, assistimos às Receitas, tanto a Federal como a Estadual, perdoarem as multas e juros dos inadimplentes. São as prefeituras, que criam planos para quem não paga o IPTU há anos, os estados dando descontos para quem deve o IPVA, a receita federal oferecendo o REFIS para quem tem impostos atrasados. Na mesma época vi que o governo brasileiro resolveu perdoar quem lhe deve até R$ 10 mil. No ano anterior ao acontecido o governo federal lançou um enorme pacote de benefícios para quem tinha financiamentos no agronegócio, com quase todos os benefícios para quem estava inadimplente. Não quero, de forma alguma, questionar a honestidade de quem está com impostos e obrigações em atraso com o governo, mas e nós, que acreditamos que estávamos fazendo o correto e quitando pontualmente os nossos pagamentos, o que merecemos? A mensagem que todas essas ações nos deixam é a de que, ao sermos responsáveis, talvez façamos papel de "otários".

No mundo corporativo acompanhamos os periódicos, programas de TV e de rádio, seminários de Recursos Humanos, dentre outros fóruns, promoverem discussões sobre o estresse provocado pelas grandes pressões que os profissionais enfrentam para cumprir prazos e compromissos. Isso é verdade, não há como questionar, mas também é importante uma leitura sob outro ângulo: quem define, na maioria das vezes, os prazos e os compromissos? Como consultor empresarial há 15 anos, posso afirmar que, geralmente, na sua quase totalidade, os prazos e os compromissos são oriundos de um "acordo" entre o chefe e seu subordinado ou fornecedor ou até mesmo com o cliente, portanto, quem assume um compromisso dentro de um determinado prazo deve ser não somente profissional, mas responsável por cumpri-lo. Não há "coitadinhos" em uma relação pautada pelo profissionalismo, onde costumo dizer "o que é tratado, não é caro." Há pessoas responsáveis, que cumprem o que combinam ou retratam prazos antes que se atrasem. E há os outros.

Cito ainda o exemplo do carnaval. Carnaval que projeta a imagem do Brasil como um país de um povo alegre "por si" e de mulheres lindas e nuas. Uma bela imagem, sem dúvida. Interessante é ver que o governo que busca, via Embratur e com o apoio de diversas ONGs, desvincular a imagem do Brasil como paraíso do turismo sexual, é o mesmo que distribui milhões de preservativos, pílulas do dia seguinte e até gel lubrificante com a alegação de "sexo seguro". Tudo isso de forma gratuita para quem recebe e devidamente pagos com o dinheiro do contribuinte, ou seja, o nosso dinheiro! Novamente, que bela mensagem passamos ao turismo internacional (nova ironia). E para nós, brasileiros, qual a mensagem que fica? A de que somos tão irresponsáveis, imaturos, incultos e governados pelos nossos instintos, que o Estado precisa nos prover de preservativos e medicamentos para que possamos praticar sexo com alguma proteção. Os representantes do governo argumentarão que o custo social e econômico das doenças sexualmente transmissíveis e da gravidez indesejada é absolutamente maior que o gasto na distribuição dos preservativos, do gel etc., mas e o custo moral do incentivo à irresponsabilidade, como fica?

É ponto comum em todas as discussões sérias sobre as "saídas" para o Brasil a importância da educação, mas de que adiantará educação se não houver responsabilidade? E responsabilidade é sinônimo de caráter.

Liderança: ônus e bônus

Há 2 anos, coordenando um curso de liderança para uma turma de executivos em São Paulo, coloquei dois quadros brancos e perguntei aos participantes (todos com cargos formais de liderança) quais os aspectos negativos (ônus) e os aspectos positivos (bônus) de ser um líder. O quadro de ônus se completou rapidamente, mas houve uma dificuldade de se apontar o bônus de ser líder. Existe certo bloqueio em assumir que se "gosta" de ser "chefe".

Depois que discutimos sobre essa "culpabilidade", conseguimos completar, também, o segundo quadro.

Exercer uma posição formal de liderança (cargos de chefia) traz uma gama de exigências. Primeiramente, há a necessidade de se destacar na competência técnica da respectiva área que se lidera. Isso exige um grau de dedicação aos assuntos que invariavelmente acabam por reduzir o tempo de lazer, bem como a necessidade de recursos econômicos respectivos, o que também incide geralmente em sacrifícios pessoais.

O líder de qualquer organização do século XXI deve ter completa disponibilidade para atuação. O e-mail e o celular, muitas vezes, representam um expediente de 24 horas. Há a necessidade de se estar alerta e disponível para contatos e para a resolução de problemas.

Os subordinados veem no líder não somente quem aponta os caminhos, mas também um exemplo a ser seguido (e observado de perto). Isso impõe a obrigação de se "dar o exemplo". Cabe ao líder buscar exercer com absoluta excelência os comportamentos, as atitudes e os procedimentos que cobra de seus liderados. É da coerência entre discurso e prática que vem o patrimônio moral de quem lidera.

Autocontrole, energia, visão de longo prazo e capacidade de reação às dificuldades são comportamentos que um líder de qualidade deve possuir ou adquirir e que exercerá junto à sua equipe e com todos com quem se relaciona, dentre clientes, colegas e com seus próprios líderes.

Com uma gama tão variada (e difícil de se praticar!) de características necessárias, deve-se haver também a compensação. Por que buscar se esforçar, se disponibilizar para exercer a liderança, se não houver um "bônus" por isso? Seria incoerente, portanto há um lado mais prazeroso de se exercer a liderança.

A começar pela própria remuneração. Comumente, os salários mais altos das organizações são dos profissionais que ocupam cargos de liderança, até pela hierarquização da estrutura de comando. Também os sistemas de recursos humanos reservam um nível maior de benefícios aos chefes.

A autonomia para estabelecer caminhos e tomar decisões é um dos fatores de maior motivação para quem lidera. Isso alimenta a autoestima e a autoconfiança, sendo natural de todos nós buscarmos essa sensação e estado de espírito.

Desenvolver trabalhos e atividades mais exigentes em intelectualidade também é um fator que engrandece o trabalho da liderança e fortalece os sentimentos natos de crescimento e evolução.

Não podemos nos esquecer de como os sinais de status são importantes para as pessoas. Um nome de gerente ou diretor em um cartão de visita gera um impacto altamente positivo a quem o possui. A mesa maior, o melhor notebook, os encontros sociais de negócios, a vaga no estacionamento são exemplos de diferenças que muitos podem negar que seduzem, mas no íntimo todos gostam.

Outro aspecto que gera satisfação é o acesso privilegiado às informações e a um círculo de relacionamento, que gera também crescimento em competência profissional.

É importante que os jovens líderes (e os não tão jovens) reflitam sobre tomar ou não o caminho da liderança, diante de seus bônus e de seus ônus.

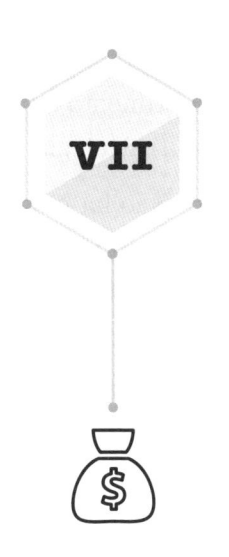

VII — Gestão organizacional

Estrutura organizacional

De repente alguns dos sinais começam a aparecer de forma consistente:

- ☑ A empresa reduz de forma drástica seu ritmo de crescimento.
- ☑ Seu nível de lucratividade e rentabilidade fica muito abaixo do necessário para a saúde econômica dos negócios.
- ☑ Apesar dos muitos "atores do jogo" serem os mesmos — empresários, executivos, equipes, base de clientes, mercado, entre outros —, os objetivos e as metas não são atingidos.

Busca-se fazer um diagnóstico nos vetores de alavancagem de qualquer organização: estratégia, processos e pessoas. Claro que se descobrem algumas falhas em processos, identificam-se necessidades de algumas trocas de profissionais e investimento em outros e se acha espaço para ajustar ou até modificar a estratégia.

As ações são efetivadas, mas vem a frustração. Não há mudança significativa no resultado. A empresa não se move nos seus resultados. A percepção é de que ficou presa em uma "armadilha". E uma armadilha que a própria organização criou.

Mas, com certeza, há solução. Como disse, há muito o que se fazer para se ter uma estratégia melhor e que realmente faça diferenciação na concorrência. Da mesma forma, podemos fazer com que os processos sejam racionalizados e, com isso, sejam mais eficazes. E, em pessoas, sempre há como melhorarmos nosso time. Mas numa análise mais profunda, com a minha experiência, identificamos uma "estrutura organizacional" despreparada ou ultrapassada. E se isso não for corrigido, não há estratégia, processos ou pessoas que consigam um resultado esperado.

Estrutura organizacional significa a distribuição clara, assertiva e transparente de responsabilidade e autoridade. Pode ser representada por gráficos (organograma, funcionograma etc.), bem como por formas descritivas (regimento interno, manual de organização, normas, descrições de função etc.), mas não é a forma, seja mais simples ou mais sofisticada, que faz uma estrutura organizacional eficaz. Quantas empresas têm belos organogramas e manuais e ninguém sabe direito a quem se reportar. Infelizmente é mais normal do que se imagina.

É função da estrutura organizacional fazer com que a *estratégia* seja executada, utilizando-se de *processos* bem desenhados, através de *pessoas* qualificadas. Se uma estrutura organizacional não for bem projetada, os projetos, os objetivos e as metas viram "sonhos" e a empresa perde energia e fica paralisada nos resultados do passado.

Por que isso acontece? Primeiro porque empresários e executivos, muitas vezes, não dão importância devida à estruturação correta da cadeia de liderança. Claro que as empresas começam pequenas. Isso faz com que ao longo do tempo as coisas "vão se ajeitando", cargos vão sendo criados sem critérios, pessoas mais antigas vão sendo promovidas também sem avaliação mais criteriosa, as responsabilidades vão sendo assumidas por um outro sem muita discussão... E, ao final, temos o "organograma" de hoje da organização.

A questão é que, como afirmei, é a estrutura de comando que faz com que a estratégia seja ou não executada. Se essa estrutura não é adequada estamos querendo "alimentar um gato para se tornar um tigre".

Quantas vezes somos chamados por uma organização para ajudá-la a sair da situação que mencionamos no início. Ponto de equilíbrio econômico alto, perda de receita, perda de lucratividade, resultados medianos etc. E o nosso interlocutor já nos pede algum projeto de consultoria para reposicionar a sua estratégia (que acredita estar errada), melhorar seus processos (implantar a ISO 9001 etc.) ou, ainda, avaliar a sua equipe. E, ao fazer alguns questionamentos, descobrimos que a estrutura organizacional está incompatível ou, muitas vezes, inexiste, de fato. Ao propormos um projeto de reestruturação (ou estruturação para quem não tem nada) organizacional, percebemos no empresário um certo ceticismo. Ele não acredita muito que a estrutura esteja ligada ao seu sucesso ou insucesso. Ledo engano! Felizmente temos conseguido êxito em demonstrar que se tem um lugar para começar, que é a estrutura de comando!

Quer fazer um pequeno diagnóstico da sua própria estrutura organizacional? Então responda a algumas perguntas:

- ☑ As responsabilidades estão claramente definidas na cadeia de comando?
- ☑ A autoridade dos cargos de liderança está definida?
- ☑ As pessoas têm absoluta segurança em saber a quem se reportam?
- ☑ Há limites transparentes de autonomia?
- ☑ As pessoas sabem a quem compete a decisão sobre determinadas situações, autorizações e problemas?
- ☑ As pessoas que exercem qualquer cargo de liderança sabem de forma exata quais são seus principais objetivos e metas?
- ☑ A estrutura organizacional está adequada (cargos, nomenclatura, quantidade etc.) à estratégia da organização?
- ☑ Os ocupantes dos cargos possuem real qualificação (formação, experiência, competências-chaves, habilidades e comportamento) para exercer a função?
- ☑ A divisão de responsabilidades e autoridade está feita de forma adequada e profissional ou atende aos interesses dos ocupantes?
- ☑ Há *gaps* entre a estrutura de direito (a que está na parede) e a de fato (a que o corredor sabe que funciona)?

Pelas respostas você claramente identificará se a estrutura organizacional da sua empresa ou instituição está pronta para fazer a sua estratégia ser executada ou não.

Sem uma estrutura organizacional inteligente, profissional, adequada, bem definida, disseminada e internalizada por todos os colaboradores é muito difícil sair da estagnação de resultados.

Por último, uma dica: sabem por que os empresários não "gostam muito" de rever sua estrutura organizacional? Porque isso envolve tomar decisão sobre pessoas e poder. Um olhar pragmático sobre suas estruturas fará, muitas vezes, com que colaboradores leais, parentes e até filhos tenham que deixar a empresa ou mudar de cargo. Isso é muito desconfortável para qualquer um, mas, se o objetivo é a empresa e seus resultados, é imperativo que se faça. Peter Drucker tinha uma frase para isso: "O líder tem de fazer o que precisa ser feito, não o que ele gostaria que fosse feito." Ele tinha e tem razão.

Falta foco!

Incrível como falta foco nas empresas! Temos todo tipo de empresas querendo fazer de tudo um pouco!

Uma das unanimidades no pensamento do marketing mundial é que precisamos nos concentrar naquilo que realmente somos bons, evitando a tentação de adicionar mais e mais produtos na nossa "cesta" de vendas.

E por que será que esse pensamento é tão fortemente compartilhado? Porque, e isso é muito lógico, quando começamos a ter sucesso em algum campo devemos creditá-lo a nosso conhecimento e competência em tal assunto. Quando abrimos o leque, aumentamos a possibilidade de nossos insucessos.

E por que falta foco? Por alguns motivos, tais como:

1. Paradigma do crescimento do faturamento

Temos uma ideia formada de quanto maior, melhor, e nos esquecemos de que o importante é a nossa lucratividade e rentabilidade e não apenas o faturamento. Temos de crescer, sim, mas alicerçados em um desenvolvimento perene do negócio, com melhores margens, objetivando nossa sobrevivência a longo prazo.

Quantas e quantas vezes vemos empresas tendo como principal indicador de performance apenas o faturamento, inclusive atrelando aos executivos e colaboradores remuneração variável com base nesse resultado. Isso gera uma cultura de que o "importante é faturar", não importa a que custo. E lojas são abertas, novos produtos lançados etc., sempre na busca de faturar mais. Com isso, vamos nos esquecendo dos custos e da margem líquida e, quando nos apercebemos, temos um "buraco" no resultado. Quanto maior a escada, maior o tombo!

2. Empirismo

Temos empreendedores de "tino" e empreendedores "profissionais". O mercado está cada vez menos acessível a quem teve sucesso apenas com o "sentimento". Hoje, em qualquer campo de negócio, quem não tiver qualificação, informação, conhecimento e competência está fadado ao fracasso.

Apenas para dar um exemplo, a todo instante vemos a abertura de shopping de esquina (condomínio de lojas) sem a menor avaliação quanto à adequação do local às lojas que serão abertas.

Alguém tem um imóvel e imagina que ganhará um bom dinheiro com o aluguel de algumas lojas. Na sequência, um "lojista" esperto pensa em fazer um ótimo negócio com um aluguel mais em conta e um lugar "bonitinho"! Ledo engano, 6 meses depois (nem isso, às vezes) temos um imóvel desocupado (sem remunerar o investimento) e um "comerciante" falido.

Não estamos de forma alguma deixando de reconhecer a importância do *feeling* para um empreendedor, mas esse é mais um componente de sucesso e não pode ser a única justificativa de um novo negócio.

3. Falta de visão de futuro

A falta de prospectar o futuro é outra enorme causa da miopia empresarial. Ficamos tão presos ao presente, no operacional, que nem vemos as mudanças no mundo e, pior que isso, que o nosso negócio está se alterando com tamanha dramaticidade e rapidez, que vamos bater logo ali na frente com um 747 a 900 km por hora!

Muito dessa falta de visão se deve à resistência dos empresários e executivos seniores na participação em treinamentos, seminários, viagens para visitas técnicas, novos cursos superiores etc. Eles, muitas vezes, enviam os gerentes e chefes, achando que para eles não é mais necessário. Isso faz com que a empresa fique com a sua bússola voltada apenas para o presente e, o pior, na maioria das vezes, para o seu próprio umbigo.

4. Não utilização da informação

Muitos empresários e executivos ainda não têm a informação como recurso estratégico.

Nas informações internas, muitas vezes, não sabem nem a sua margem líquida sobre o produto ou serviço que comercializam. Quando sabem, geralmente utilizam a velha forma do rateio geral, onerando, muitas vezes, o produto mais rentável e tomando decisões erradas sobre dados equivocados.

Nas informações de mercado o problema é pior. Poucas empresas dominam bem os números da concorrência, do setor de mercado que atuam, dos parâmetros nacionais e internacionais do seu negócio.

Tudo isso gera mais pressão por crescimento; e o aumento do faturamento com crescimento quantitativo sempre é o caminho mais curto.

5. Falta de estratégia

Finalmente o maior problema: as empresas não têm uma estratégia definida para o seu negócio e como atuar no seu setor!

Não avaliam seu público-alvo e, como consequência, direcionam, na maioria das vezes, seus esforços e recursos para o rumo errado, gerando enormes desperdícios e tendo como resultado, na maioria das vezes, prejuízo e encolhimento ou o pior: falência.

Numa oportunidade, trabalhamos com um cliente que insistia em um *mix* de produtos com preços muito variados, apesar de seu público-alvo ser claramente da classe C e D. Argumentamos que era um erro estratégico grave e que o melhor era adequar a sua grade de produtos a uma percepção clara do mercado-alvo, pois o contrário seria muito mais dispendioso e com duvidosa chance de sucesso. Apesar dos dados e argumentos técnicos irrefutáveis, eles ainda permanecem da forma antiga. Pelos motivos já comentados, eles não estão conseguindo enxergar o 747 que vem vindo ao seu alcance!

As razões que apontamos são algumas daquelas que fazem com que as empresas não deem atenção devida ao FOCO, gerando, na maioria das vezes, a sua queda definitiva.

Ao contrário, quando o FOCO é para aquilo que fazemos bem, há toda uma energia dispersa na empresa a ser despertada, a qual, em um processo de enorme sinergia, tornará o sucesso inevitável.

Gestão profissional na Administração Pública

Sempre que iniciamos qualquer projeto em instituições públicas (ou mesmo quando ainda estamos em fase de prospecção nessas empresas), nos acostumamos a ouvir o seguinte comentário: "Sabemos que vocês têm muita experiência e competência, mas na área pública a coisa é diferente." É claro que a Administração Pública tem particularidades diferentes de uma organização privada. Da mesma forma que uma empresa no segmento do comércio não é igual a uma organização industrial. Limitam-se aí as diferenças, ou seja, não existe uma fórmula ou padrão que se ajuste a um grupo específico de empresas, sejam elas públicas, privadas, industriais, comerciais ou de prestação de serviços.

Mas existe, não somente por parte dos servidores públicos, bem como da sociedade como um todo, a crença de que a administração de uma empresa pública é "totalmente" diferente de uma empresa de capital privado. E, com base nessa premissa equivocada, cria-se o paradigma da ineficiência do serviço público. Não há diferenças. O que existem são empresas, sejam públicas ou privadas, que são bem ou mal administradas. Algumas são exemplos de bons resultados, outras não produzem resultado algum, seja para o acionista ou para a população.

É interessante também ouvir especialistas e governantes afirmarem, diante da adoção de uma gestão profissional, que o órgão em questão será administrado "como uma empresa". Trata-se de paradigma que também deve ser deixado de lado.

Qualquer organização deve ser administrada de forma profissional. Em resumo, podemos dizer que uma instituição é gerida de forma profissional quando ela apresenta os seguintes requisitos:

- **Razão de existir:** algumas empresas descrevem a sua razão de existir numa "missão". Uma missão bem escrita e formal ajuda na conscientização de toda a equipe de trabalho em conhecer o "DNA" da organização, porém, mesmo se não existir uma missão formal, o importante é que a instituição saiba exatamente por que ela existe.

- **Clientes bem identificados:** pode parecer simples, mas não é. E é incrível como em instituições públicas os servidores, muitas vezes, se esquecem quem é o cliente! Esquecem-se de que um setor é cliente do outro. Que um órgão é cliente do outro. E, sobretudo, esquecem-se de que o contribuinte, o cidadão e a população são os principais clientes de uma organização pública.

- ☑ **Estratégia:** não é suficiente ter uma razão de existir clara e saber quem são nossos clientes. É preciso conseguir executar a nossa missão e satisfazer nossos clientes e para isso é fundamental definir uma "estratégia" de como conseguir esses resultados. A estratégia estabelece caminho, alinha energia e recursos. Ela direciona a força de trabalho para o futuro.

- ☑ **Objetivos e metas:** fundamental que qualquer organização tenha, de forma clara, objetivos e metas. E, sempre que possível, devem ser objetivos e metas mensuráveis. Não podemos melhorar o que não medimos. Se medirmos, estamos avaliando, analisando e podemos tomar ações de melhoria;

- ☑ **Planejamento:** estratégia, objetivos e metas dão a direção a ser seguida, mas é necessário saber o "como" fazer acontecer. E isso exige planejamento, definição das ações necessárias, quem irá executá-las, quais recursos serão aplicados e em qual prazo serão implementados. Objetivos e metas sem planejamento são apenas sonhos.

- ☑ **Profissionais qualificados:** por mais que uma estratégia seja excepcional e o planejamento tecnicamente perfeito, sem pessoas qualificadas o resultado será frustrante. É responsabilidade da liderança de qualquer instituição fazer a seleção, a integração, o treinamento e a formação de uma equipe de trabalho competente.

Seja numa instituição pública ou numa privada, portanto, o que fará a diferença será a forma como ela é administrada. Se for de um modo profissional, existe uma enorme chance de os resultados serem ótimos e satisfazerem a todos os públicos interessados (clientes, servidores, acionistas, sociedade etc.); sem profissionalismo, quer na instituição pública, quer na privada, não escaparemos da ineficiência, da ineficácia e da mediocridade.

Estratégia, processos e pessoas: qual a prioridade hoje?

Todas as organizações têm como subsistemas a estratégia, os processos e as pessoas. Desse trinômio, elas estabelecem seus objetivos, buscam atingi-los com competência e, com isso, alcançar o sucesso.

A estratégia é o "plano de jogo". É a forma como nos propomos a alcançar um objetivo e o meio para alcançá-lo. Pode existir uma empresa sem estratégia? Sim, às vezes (e é mais comum do que deveria) uma empresa sabe onde quer chegar, mas sequer pensou em "como" deve atuar para o alcance de seus objetivos; em outras, a estratégia existe, única e exclusivamente, na mente do seu fundador e proprietário, sem nenhum conhecimento ou internalização por parte de seus líderes e colaboradores (falaremos mais profundamente em estratégia em outra oportunidade).

Os processos são a forma pela qual a empresa "operacionaliza" seus esforços na tentativa de cumprir e executar sua estratégia. Estrutura organizacional, sistemas informatizados, normas, procedimentos, modelos de gestão, tecnologia da informação, compras, vendas e gerenciamento de projetos constituem os processos de uma organização. Processos deficientes, com certeza, gerarão baixa competitividade e reduzirão as chances de uma empresa obter a satisfação dos seus clientes e o sucesso nos seus objetivos e metas estratégicas. Uma organização existe sem processos eficientes? Sim. Muitas vezes, o próprio segmento em que a empresa atua e o estágio dos seus competidores fazem com que haja uma sobrevida de empresas que ainda detêm graves deficiências em seus processos.

De nenhuma forma queremos dizer que ter uma estratégica clara, internalizada e planejada não é condição essencial para o sucesso nos negócios, assim como ter processos inteligentes, criativos e eficientes é um componente integrante das empresas vencedoras, mas é preciso admitir que a falta ou incompetência em estratégia e processos não necessariamente significa uma queda a "curto prazo" de uma empresa. Dependendo do grau de concentração do setor, da posição de liderança, da competitividade atual e futura, além da implacável lei da oferta x procura, uma empresa, mesmo com uma estratégia mal formulada e com processos ineficientes, pode sobreviver por algum tempo e mesmo com destaque. É claro que a competitividade a longo prazo não se sustentará sem uma excelente (e internalizada) estratégia e sem processos eficazes.

Mas e as pessoas? As pessoas são as formuladoras e executoras das estratégias e processos. Sem as pessoas, por conceito, não há estratégia, processos e organizações! São as pessoas que formam os diversos conjuntos e traduzem o abstrato em realidade: produtos e serviços para um "cliente" que, ao final, também é uma pessoa. Existe uma organização sem pessoas? Não. Felizmente (ou infelizmente, para muitos) os conceitos de empresas e instituições referem-se à formação de um grupo de pessoas que trabalham pelos mesmos objetivos. Caso sejam remuneradas para isso, elas são chamadas de profissionais.

O trinômio formado pela estratégia, processos e pessoas, portanto, somente existe com seu último componente servindo de elo de formação e ligação entre os três.

Mais uma vez gostaríamos de reforçar a importância de a organização se preocupar em ser formada por pessoas qualificadas, profissionais e competentes, mas não queremos repetir a mensagem cansativa e simplista dos congressos de recursos humanos, destacando que as pessoas devem estar em primeiro plano, ser felizes, dirigidas por líderes "servidores". Isso é tema para congressos, fóruns, seminários e para venda de livros de autoajuda em gestão e carreira.

Não, as pessoas não vêm em primeiro lugar. Isso é claro. Desde o momento de idealização de uma organização formulou-se um pensamento, uma ideia, um objetivo. São os componentes iniciais de uma estratégia que, é claro, somente será executada por pessoas. O contrário, porém, não é verdadeiro. Não se contratam pessoas e depois se "pensa" no que elas farão. E como são corriqueiros artigos, entrevistas, reportagens, palestras e seminários de profissionais que tratam de carreira, empregos, produtividade pessoal sequer contextualizando seus pensamentos e conceitos com a estratégia. Enquanto os profissionais estão ocupados com assuntos sobre clima organizacional, cargos e salários, mapeamento de competências, a sua organização está, muitas vezes, prestes a desaparecer por uma simples portaria ou decreto que trata sobre regime fiscal e tributário.

Pergunto: de onde vem essa enorme ignorância corporativa? Como consultor de empresas, tenho a percepção de que essa questão possa trazer múltiplas respostas e abarcar fatores relacionados. Gostaria de destacar alguns pontos:

1º. Educação

Nosso modelo educacional é totalmente incompetente, até pela própria estrutura, em que a responsabilidade pela educação fundamental é das prefeituras; pelo ensino médio, do Estado; e pela formação superior, do governo federal. Isso demonstra uma completa falta de realismo. Por razões políticas, econômicas e culturais, sabemos que as prefeituras são absolutamente incapazes de prover o ensino de mínima qualidade no nível fundamental — convém assinalar, não me refiro às grandes metrópoles. É preciso pensar nos mais de 5 mil municípios espalhados pelo país, onde a própria locomoção para a sala de aula representa um esforço físico e emocional sobre-humano.

A educação familiar pouco existe. Para as famílias de melhor poder aquisitivo, a escola e o psicólogo são os pais "terceirizados". Nas classes sociais da base da pirâmide, as professoras mal preparadas (e mesmo assim bravas lutadoras na busca de educar com o melhor de si!) recebem esse papel.

O resultado não podia ser mais desastroso. Formamos crianças e jovens que fingiram que aprenderam e o sistema fingiu que ensinou. A base é frágil, ao sabor da força dos ventos.

2º. Leitura

Numa relação de causa e efeito, somos um país que não lê. Temos um dos piores índices de leitura do mundo e da América Latina. Poucas são as cidades do Brasil que dispõem de uma biblioteca razoável. E quando as têm, na maioria das vezes, são desatualizadas e obsoletas.

Nossas famílias não se sentem responsáveis por gerar em seus filhos o hábito da leitura. E se isso sempre foi um entrave aos nossos ensejos de nos desenvolvermos culturalmente, na era da internet a situação se complicou. Se a leitura competia em tempo com as brincadeiras, os esportes, as amizades juvenis, agora ela tem de disputar o tempo com um competidor implacável, sedutor e fascinante.

Infelizmente, quando perguntamos a alguém sobre seu hábito de leitura, quando a resposta é afirmativa o complemento desanima. As fontes geralmente são apenas jornais, revistas, blogs, sites etc. Trata-se de canais de informação e entretenimento, não canais de conhecimento.

3º. Formação acadêmica

O mesmo fato e duas leituras: o aumento da quantidade de pessoas graduadas em curso superior no Brasil nos últimos 10 anos. Se isso nos tira um pouco do fim da fila, em comparação com outros países emergentes e/ou subdesenvolvidos, também nos traz como resultado um exército de "profissionais" com formação de péssima qualidade.

E a "febre" da pós-graduação acentuou o problema. O jovem (via de regra) não se contenta em fazer um curso superior com absoluta falta de aderência à realidade e já o "complementa" com uma pós-graduação. Resultado: profissionais "fracos", bem certificados e que não têm prova de sua competência profissional. Sem dizer que eles querem ganhar "bem", pois são pós-graduados.

O curso mais procurado do Brasil hoje é o de Administração. Como consultor empresarial, eu não me recordo de ter sido procurado por algum diretor de uma entidade de ensino superior com uma pergunta simples: "O que o mercado precisa hoje e no futuro dos administradores que formaremos?" Até onde me lembro, nossos clientes também não são procurados com esse fim. Talvez as academias pensem que seria muito simplista esse gesto. Eu entendo que isso seria um humilde e produtivo passo para a formação de profissionais mais qualificados e preparados para o mundo corporativo.

Conclusão

Para ter sucesso no mundo empresarial, seja como executivo, colaborador ou empresário, precisamos entender as organizações como sistemas abertos que interagem continuamente com o meio ambiente, externo e interno, diante da necessidade de se formar e se inovar em estratégia, processos e gestão de pessoas.

Pessoas capazes, competentes e maduras profissionalmente e emocionalmente são um verdadeiro diferencial de sucesso. São os tripulantes do "barco" e sem elas o barco (processos) não executa o plano da viagem (estratégia) e não chega a seu destino (objetivos e metas).

É preciso ter coragem e questionar o maniqueísmo da autoajuda empresarial, seus livros, seminários, fóruns, artigos e palestrantes que se "esquecem" do básico: o que une uma organização são seus objetivos e metas comuns, e não os relacionamentos.

Prioridades corporativas

Uma empresa bem estruturada e capitalizada, mas sem estratégia, é como um ônibus de luxo que não sabe para onde está indo.

A estratégia é o caminho, o rumo. Com estratégia correta temos de ter processos excelentes e as pessoas certas nos lugares certos.

Uma empresa é composta, portanto, substancialmente de estratégia, processos e pessoas. E dentro de cada vetor estratégico muito precisa ser criado, modificado, alterado e excluído para que ela tenha sucesso. Atualmente, uma grande dificuldade das empresas competentes (aquelas que utilizam realmente um planejamento profissional) é estabelecer prioridades. Há tanto para se fazer. E como priorizar? É nesse ponto que gostaríamos de contribuir.

Se estratégia é obter uma posição exclusiva junto ao mercado, significa, então, que se deve fazer uma busca e atuação diferentes dos seus concorrentes, portanto, considerando que as ações do planejamento serão elaboradas já com essa premissa importante (fazer diferente), sugerimos que as prioridades sejam definidas segundo três pontos críticos:

Pessoas qualificadas e comprometidas

Podemos ter a melhor estratégia e os melhores processos, mas sem as pessoas corretas, nos lugares certos, nossa chance de fazer diferente é mínima.

A empresa deve investir primeiramente em saber quais competências são realmente essenciais para seu negócio e sua empresa. Esse trabalho é minucioso e altamente crítico para o sucesso de qualquer política de recursos humanos. A seleção, o treinamento e o desenvolvimento das pessoas devem ter como foco a qualificação e a evolução das competências críticas necessárias.

E as pessoas, além de capazes, precisam ser (e não estar) comprometidas com o que fazem e com a empresa em que atuam.

Sem paixão não há entusiasmo e é este estado de espírito que hoje faz a diferença entre pessoas e empresas medíocres e de sucesso.

Há de se investir em descobrir os fatores de motivação da sua força de trabalho. É uma tarefa de pesquisa, não pode ser copiada. Sinto quando vejo empresas buscarem as publicações anuais de "melhores empresas para se trabalhar" e copiarem as práticas relatadas. Não somente os resultados ali devem ser analisados com enorme senso crítico (tenho certeza de que, como eu, vocês conhecem histórias daquelas empresas que não são muito coerentes com o resultado que apresentam na publicação) como cada cultura organizacional é distinta. Cada empresa tem o seu próprio DNA e deve traçar a sua própria receita, em criar os fatores que impulsionem a motivação. Ressalto que a motivação vem da própria pessoa. Ninguém motiva ninguém. O papel da empresa é descobrir os fatores e buscar maximizá-los, sabendo que sempre será um risco, pois cabe às pessoas decidirem motivar-se ou não.

Atender às expectativas do cliente

É o básico, concordo. Mas infelizmente não é feito. Vejo empresas investirem fortunas em ERP's (*Enterprise Resource Planning*) no seu planejamento estratégico, como se a implantação de um sistema integrado fosse a absoluta salvação do seu negócio, porém se calam frente à simples pergunta: "O que, de forma direta, proporcionará melhorias para o seu cliente? A implantação do ERP?" É preciso priorizar ações que tenham como objetivo o de atender aos clientes. Não estou apenas repetindo a máxima de "encantar" os clientes. Estou dizendo entender as expectativas e atendê-las com eficiência, atenção, qualidade e eficácia.

Inovação

Não há nenhum negócio ou atividade empresarial que sobreviverá sem se reinventar continuamente. Desde uma padaria de esquina até uma gigante multinacional, todas as organizações devem buscar introduzir a "inovação" no seu DNA. Não se trata apenas de novos produtos. Trata-se de permear a inovação por toda a empresa, seja na sua estratégia, na sua política de pessoas, nos processos de produção de um bem ou serviço, no atendimento ao cliente. Quem não inovar não necessitará de estratégia e pessoas qualificadas. Precisará somente de preço baixo. E quem vende preço se sustenta nesse mercado até quando? Com certeza, não haverá boas perspectivas.

Falta preparo empresarial

Temos sempre discorrido sobre o comportamento que deve ter o profissional para se manter "interessante" para um mercado cada vez mais competitivo e exigente, porém é importante saber que muitos empresários não se incluem como esses profissionais. O seu entendimento é o de que ser donos do capital os torna imunes à competitividade do mundo globalizado.

É fundamental lembrarmos que em torno de 73% dos empregos no Brasil estão nas micros, pequenas e médias empresas, ou seja, quem comanda a maior parte da vida dos brasileiros em atividade são pequenos e médios empresários, exatamente os que são mais resistentes à mudança, bem como a aprender e adotar novos modelos de tecnologia e de gestão. Esse dado é muito importante e requer da nossa parte análise e crítica sérias.

Para a entrada em um mercado de trabalho, é exigido do profissional, atualmente, no mínimo um curso superior, além de experiência concreta de resultados obtidos. Isso, por si só, já torna extremamente difícil entrar no mercado, pelo fato de se exigir experiência de quem está começando. E tem mais: pede-se ao candidato que seja um expert em microinformática, internet, que conheça ao menos mais uma língua, que tenha participado de congressos da sua área, tenha realizado viagens e estágios nacionais e internacionais etc. Quem busca uma oportunidade hoje ou quem seleciona sabe que não estamos em nada superestimando a situação.

E ao empresário, o que é exigido dele? Infelizmente, na maioria das vezes, apenas o capital, uma espécie de cartão a permitir sua entrada. E o mais grave: boa parcela desses cartões de acesso é herdada, ou seja, vem de empresários que venceram tendo "tino" de negócio, numa época em que "tino" era o fator preponderante entre fracasso e sucesso. Infelizmente ou felizmente, o mundo mudou, e não é mais chavão ou frase de efeito dizer não há lugar mais para improvisos e empirismo. Não há mais lugar para amadores.

Prestamos consultoria para muitas empresas, de diferentes portes, em todo o Brasil. Geralmente elaboramos um minucioso diagnóstico organizacional e empresarial, apontando detalhadamente os pontos que, a nosso ver, precisam ser corrigidos, assim como também sugerimos as respectivas ações de correção para o nosso cliente, no entanto, muitas vezes, o maior problema é apenas um: o empresário não é qualificado ou se tornou obsoleto. E isso é o mais grave dos problemas, muito pior que uma crise cambial ou um novo concorrente no seu mercado.

Tudo o que não exige mudança pessoal de comportamento é mais bem aceito, porém, quando a solução está em a pessoa mesma se tratar, o grau de aceitação já não é tão palatável.

Boa parte dos empresários que nos chamam para prestar consultoria nos recebe já apresentando uma ideia preconcebida acerca dos problemas da sua empresa. Geralmente referem-se a pessoas desmotivadas (injustamente, é claro!); ao concorrente desleal; ao governo, que não incentiva; à carga tributária, que é leonina; à economia, que não ajuda etc. Tudo isso, muitas vezes, são fatores que realmente estão afetando a empresa e, portanto, devem ser levados em conta. Mas não podemos colocar uma venda sobre o problema: há falta de preparo empresarial!

Não há dados sistematizados sobre a formação dos pequenos empresários brasileiros, mas não é difícil prospectar que apenas uma parcela pequena possui formação superior. É claro que não é só o fato de ter curso superior que torna alguém mais competente, no entanto isso auxilia, em muito, na formação e no desenvolvimento profissional da pessoa e na amplitude da visão do mundo e dos negócios.

É incrível que alguém possa acreditar que não possua mais nada a aprender. Esse tipo de raciocínio revela ingenuidade ou ignorância e prepotência. Mas é este o cerne da questão: boa parte dos empresários acredita que não é mais preciso aprender, ele já sabe tudo! E muito se orgulha de dizer que há anos não frequenta um curso, não faz treinamento nem participa de um congresso. Bate no peito e diz que no último ano a empresa investiu muito em treinamento, fez uma média vinte horas de treinamento por colaborador. Mas quando perguntamos qual o último treinamento que ele pessoalmente fez, a resposta geralmente é um semblante desconfortável e às vezes até rude.

Há anos fazemos um discurso maravilhoso de que a pequena e a média empresa são a força motriz do Brasil, com sua forte representatividade no emprego e PIB brasileiros. Os candidatos prometem investimentos, o governo e instituições anunciam disponibilidade de financiamento etc. Sabemos que a importância da pequena e da média empresa é real, mas as atitudes concretas de apoio são, na maioria, um engodo ou demagógicas.

Como exemplo, citemos bancos que anunciam linhas de crédito para pequenas empresas e depois de um sem-número de exigências, no momento de afunilar a negociação para a assinatura de um contrato de financiamento, solicitam que a empresa apresente um contrato de aluguel de 5 anos! Veja só: uma exigência tão esdrúxula a ponto de deixar transparecer que o dinheiro disponível é apenas para fazer publicidade, não há interesse em fazer com que ele saia do banco!

Para que se forme um empreendimento, há, sim, de se ter "tino" de negócio, o sentimento do comerciante, do industrial, do prestador de serviços, do negociante. Isso é límpido, transparente. Mas com apenas isso, sem o preparo adequado do líder empresarial, sua equipe e a empresa estão fadadas a perecer na selva do capitalismo competitivo.

Exige-se que uma farmácia tenha um farmacêutico responsável. Uma construtora precisa ter os seus engenheiros habilitados. Uma banca advocatícia, os seus advogados. Os hospitais, os seus médicos. Por que as empresas comerciais, de serviços, indústrias, instituições públicas e privadas não possuem gestores profissionais? Não defendo aqui este ou aquele curso nem que é necessário o profissional ter um curso superior, mas que os líderes sejam profissionais atualizados, qualificados, capazes e competentes. Para isso, o estudo, o treinamento e o desenvolvimento intelectual e moral são imprescindíveis.

A administração e suas novas teorias

Liderança é o tema mais abordado em livros sobre administração. Todos os anos são lançados mais e mais títulos, com "supostas" novas teorias no campo do gerenciamento e negócios. Da última década para cá, temas como "organização que aprende", "gestão do conhecimento", "empresa biológica" e outras centenas que misturam autoajuda aos negócios, tais como "método de administração de Jesus Cristo", "Maquiavel nos negócios" etc. proliferaram à velocidade da luz. E o pior, as empresas e os profissionais tentam acompanhar tudo e obviamente o resultado é desperdício de tempo e de recursos de toda forma. A questão maior é entender como as pessoas e as empresas se lançam a essa enorme onda, como se fosse a tábua de salvação de seu futuro!

Existem algumas razões óbvias para que encontremos temas como esses sendo lançados todos os anos. A indústria do ramo da administração e negócios é enorme. Ela envolve as universidades, grandes consultorias, governo, editoras, revistas, livrarias, imprensa especializada etc. Para essa indústria, é natural e fundamental a disseminação de "novas" teorias de administração, pois isso retroalimenta o sistema. O ponto a ser discutido é: trata-se realmente de novas teorias? Para a grande parte a resposta é não. São as mesmas — às vezes centenárias — teorias, porém com nova roupagem e nomenclatura.

É claro que ao ganhar novos adereços, as teorias administrativas ganham um pouco mais de consistência ou adquirem uma amplitude diferente daquela que a originou. Isso é bom, não há dúvida. Toda melhoria é bem-vinda e faz com que a roda da evolução seja colocada em movimento. A linguagem atualizada também facilita a ampliação da divulgação dos novos conceitos, abrangendo um número maior de pessoas e, por consequência, gerando um maior nível de conhecimento agregado. Existe, portanto, grande caráter meritório nessas "novas ondas" sobre o administrar. Mas colocar toda a sua energia e recursos em uma pseudonova teoria é, no mínimo, falta de prudência, assim como revela ingenuidade.

Os conceitos da administração estão muito claramente definidos há tempos. A sua origem vem de pensadores muito conhecidos (academicamente, pelo menos) como Taylor, Fayol ou Ford, assim como de outros grandes mestres — Sun Tzu, Maquiavel etc. —, cuja base de conhecimento é muito clara e sólida: planejar, executar, controlar e atuar corretivamente (o moderno PDCA). Nos anos 1960, a administração por objetivos — APO — era a grande revolução do processo de gestão. Daquele momento para hoje temos *balanced score card*, remuneração variável etc. São teorias administrativas essenciais, sérias e fundamentais para a empresa moderna, porém vêm do mesmo conceito da APO: estabelecer objetivos, definir indicadores de performance, planejar as ações para atingir as metas, controlar a implementação dessas ações e tomar as providências necessárias para as devidas correções de rumo.

Outro exemplo interessante é a ISO 9000. Sem nenhuma dúvida, cada vez mais consolidada como um modelo de gestão moderno, prático e eficaz, a ISO 9000 como ferramenta administrativa é o renascimento, mais vigoroso, da organização e métodos — O&M mais a própria APO. Há anos as empresas escreviam seus manuais de procedimentos com o intuito de padronizar as suas atividades, treinar a sua equipe de trabalho e facilitar a administração de unidades espalhadas geograficamente. As empresas americanas sempre tiveram como cultura organizacional os manuais de normas, regras e procedimentos, e não podemos negar o seu absoluto sucesso no mundo corporativo. É claro que os bons resultados não são oriundos diretamente da sua forma de gestão, mas também não podemos tirar desta a sua parcela de mérito. Como dissemos, a ISO incorporou novos aspectos importantes, como a possibilidade de uma empresa se "certificar" através de uma auditoria que cumpre as exigências da própria norma bem como dos seus procedimentos e regras internas. Isso é uma grande melhoria em relação ao O&M, mas temos de reconhecer neste a base para ISO.

Queremos deixar claro que a modernização das teorias da administração é muito saudável e fundamental para o mundo dos negócios, para que possamos acompanhar a velocidade em que as mudanças são implementadas neste novo século, porém cabe à indústria do setor um mea-culpa no sentido de não negar as origens de um novo conceito e ter a atitude responsável de explicar que se trata de uma nova ideia que pode ser muito importante, mas que sozinha não é a "pedra filosofal".

Todos nós, consultorias, universidades, editoras, auditorias, entidades de ensino etc. temos de fazer a nossa parte, modernizando o pensamento administrativo através da criatividade e inovação, buscando novas formas de ver e enxergar o mundo dos negócios e também aperfeiçoando o que já existe. Mas não fraudemos o processo. Não queiramos que profissionais e empresas se joguem cegamente em projetos e ideias como se fossem a ÚNICA saída. Tenhamos espaço para a crítica dos modelos apresentados. Aceitemos formas mais simples de fazer as coisas. Reconheçamos que há mais características dissonantes entre cases de sucesso empresarial do que comuns. Às vezes (e em grande parte dos casos) as razões de sucesso são apenas o bom senso, a humildade e a visão do todo.

A proposta de valor da MB Consultoria consiste exatamente em prestar consultoria de forma personalizada, ou seja, adequada a cada cliente, pois cada empresa é única e o que deu certo em uma poderá não dar certo em outra. Assim, por força do ofício, somos detentores do conhecimento e domínio de várias técnicas e ferramentas administrativas, porém somente recomendamos determinada aplicação após conhecer detalhadamente as necessidades das empresas e de ter a certeza de que a indicação será proporcional à expectativa do nosso cliente e com vistas ao resultado que ele espera. Isso é uma questão de coerência e valores.

Sobre o óbvio

A administração é entendida como uma ciência humana, portanto pode ser estudada e aplicada. Seu foco é organizar e otimizar recursos para se atingir um determinado objetivo, uma síntese, claro.

Quando falamos, então, em gestão de empresas, temos milhares de livros sobre como gerir melhor, técnicas diversas a serem aplicadas etc., sendo muita coisa relevante e outras apenas autoajuda rasa.

Também na formação acadêmica temos desde os cursos de graduação até os doutorados em administração. Da mesma forma, há coisa relevante e outras apenas enfeites.

Todos os dias no mundo se vendem milhares também de novas técnicas de gestão como sendo algo inovador e revolucionário. Assim nasceram "organizações que aprendem", "empoderamento", "seis sigma", "organizações enxutas", "metodologias ágeis" entre tantas outras. Igualmente, algo novo, mas, em sua maioria, apenas novo (e lindo nome) para o mesmo.

Mas, com base na minha experiência, gostaria de falar o que realmente importa para uma empresa.

Mercado

Uma marca bem desenhada. Um prédio moderno. Móveis inovadores. Sistemas de alta tecnologia. Profissionais habilitados. Capital farto para investimento.

Tudo isso parece uma receita infalível de sucesso. E quase é. Por um detalhe pode não ser: tem mercado?

Isso é muito mais comum do que parece.

Alguém tem uma ideia que acha "brilhante", tem recursos e acha que se dará muito bem "montando um negócio", mas se esquece do básico, ter certeza se o que quer oferecer tem realmente demanda.

Uma empresa sobrevive de receita. Para ter receita, precisa haver uma venda. Para se vender, precisa ter quem compre.

Tenho absoluta certeza de que você, leitor, já passou em frente a um restaurante, loja ou qualquer empreendimento, que achou lindo, bem montado e te deu vontade de se tornar cliente. Tempos depois, aquele negócio estava fechado e você pensou: "Por que será que 'não deu certo'?"

Pois é. Dentro de uma dezena de possíveis motivos, tenha certeza de que um de grande incidência foi muito simples: não havia mercado para aquele produto e/ou serviço.

E o que choca é que, diferentemente de uma crise econômica, muitas vezes difícil de prever, saber se há demanda para um determinado produto ou serviço não é coisa de outro mundo.

Além de empresas e estudos especializados nesse sentido, com o apoio da internet, no mínimo uma boa noção do mercado se consegue ter, assim como do comportamento dos possíveis interessados no seu produto ou serviço.

Capital de giro

Sem dinheiro para pagar seus insumos, despesas fixas, seus investimentos em marketing e vendas, sua empresa quebra. Ponto.

Quando se abre um negócio, mesmo que haja demanda e ele seja um sucesso, há um tempo para que haja receita suficiente para pagar as despesas e financiar novas compras de insumos.

Em um negócio estabelecido, há uma diferença de tempo entre os compromissos que devem ser honrados, contas a pagar, com a receita a receber.

E é absolutamente natural que o seu cliente queira o maior prazo possível para te pagar, ao mesmo tempo que o seu fornecedor te oferecerá as melhores condições para a sua compra se você lhe pagar com o menor prazo possível.

O valor que faz essa equalização, portanto, se chama "capital de giro".

Se uma empresa não calcula a sua necessidade de capital de giro e o disponibiliza, mais dia, menos dia, ela recorrerá a empréstimos e há o respectivo pagamento de juros para honrar seus compromissos, reduzindo a sua rentabilidade, aumentando o seu endividamento e elevando o seu risco de sobrevivência.

Capital de giro não é luxo. É básico.

Gestão do fluxo de caixa

Se há algo que um empresário jamais pode abrir mão é da gestão do fluxo de caixa de sua empresa.

Claro que, dependendo do porte, isso pode ser feito em diversas camadas organizacionais, mas, mesmo em empresas de bilhões, em algum momento, a liderança maior deve se envolver pessoalmente na verificação, análise e gestão do fluxo de caixa.

Em empresas de menor porte isso é uma das primeiras responsabilidades do empresário e dos gestores da sua equipe.

Como dizia meu pai, matemática é uma ciência exata. Ele dizia esse óbvio para reforçar que não adianta tentar fazer da matemática algo "relativo ou subjetivo".

Em uma empresa, as despesas precisam ser menores que as receitas, de forma contínua e, preferencialmente, com uma diferença crescente no saldo.

Sem isso, a matemática prevalecerá e a empresa não.

Profissionais

Pensei em escrever "pessoas" nesse subtítulo, mas optei por profissionais, pois em uma empresa o que se espera não é um conjunto de pessoas, mas de pessoas com qualificação, competência, responsabilidade e compromisso, ou seja, profissionais.

Se você é empresário ou gestor e não tem certeza de que tem uma equipe de profissionais, deve investir a maior parte do seu tempo em resolver isso, pois do contrário não atenderá a seus clientes, não controlará suas despesas, não fará uma boa gestão do seu fluxo de caixa e, muito provavelmente, não sobreviverá. Ponto.

Construir um time de profissionais não é fácil. Há de se investir tempo, atenção e recursos para que isso aconteça, desde a seleção, integração, com clima organizacional, treinamento, processos de trabalho e cultura.

Não se pode abdicar disso para o departamento de RH. Gerir esse processo é papel do líder, sendo o RH apenas seus braços de operacionalização.

Profissionais formam uma equipe.

Pessoas apenas formam um bando de gente.

Empresas vencedoras são formadas por equipes.

As que fecham suas portas você já sabe do que eram formadas.

Clientes satisfeitos

Quem paga as suas despesas não é o setor de contas a pagar ou o banco. Quem paga suas despesas é o cliente, com a compra que ele faz.

Se ele não estiver satisfeito com o seu produto e/ou serviço, ele deixa de comprar de você e deixa de te pagar.

Você pode argumentar que hoje você vende para quem quer. Muita demanda, baixa oferta, traz o poder de barganha para quem vende, mas quem te garante que isso continuará assim amanhã? O próximo ciclo econômico pode reduzir a demanda ou um novo e competente entrante pode passar a concorrer com você. Aí todo o poder passa para o cliente, que escolhe de quem comprar. Isso é a realidade na maioria das vezes.

Se a empresa e seus líderes entendem que satisfação de clientes é um problema da qualidade ou da área de serviço ao cliente significa que eles não entenderam a primeira frase desta seção e não sabem quem paga as suas contas.

Vejo empresas medindo no detalhe as perdas de estoque e pouquíssimas que têm uma atenção sistemática para as perdas de clientes, tão ou mais nocivas para a empresa.

Em resumo...

Antes de pensar em grandes projetos de mudança, inovação e reinvenção do seu negócio e/ou empresa, veja se está fazendo de forma excelente o óbvio.

Em gestão, o menos bem feito é mais.

O óbvio aqui relatado pode não ser tão atrativo ou trazer holofotes que temas "lindos" como ESG trazem, mas, com certeza, será uma premissa para que a empresa sobreviva.

Valores universais

Todos nós estamos um pouco chocados com os escândalos nas empresas americanas quanto a fraudes nos seus balanços e resultados financeiros. Incrível como nos esquecemos de que isso também ocorreu aqui com os nossos bancos e há muito pouco tempo. Ou já nos esquecemos de que, nos últimos balanços anteriores à intervenção e/ou liquidação, bancos como Nacional e Econômico tiveram lucros substanciais? Também não podemos nos esquecer dos balanços auditados por empresas "independentes", tal como aconteceu nos Estados Unidos.

Por conta da globalização dos mercados, todo o mundo está temeroso, pois, apesar de toda a "transparência" americana, as fraudes são incontestáveis e vultosas, o que pode estar ocorrendo com empresas europeias, asiáticas, latinas! Isso sem falar que, se os Estados Unidos se resfriarem, o mundo inteiro será acometido de uma forte gripe!

São muitas as receitas discutidas agora para coibir ou prevenir as fraudes contábeis: maior responsabilidade civil e criminal para os presidentes (CEO) das empresas, independência (agora de fato!) e punição para as empresas de auditoria etc.

Gostaríamos de acrescentar às já citadas algumas que, segundo nosso entendimento, também contribuirão para uma real transparência quanto aos resultados atingidos pelas empresas:

- ☑ Redefinição Organizacional quanto ao papel dos Conselhos de Administração, com a clarificação de suas responsabilidades e autoridades, incluindo o compromisso da empresa para com a sua cultura organizacional. De acordo com esse conceito, há de se rediscutir e reorganizar o perfil dos conselheiros e a sua disponibilidade para atuação. É muito comum que conselheiros de grandes empresas participem apenas de reuniões esporádicas com leitura de alguns relatórios como preparo prévio. Ora, somos sabedores que vivem na era do conhecimento e que sem dedicação ao estudo de indicadores e informações detalhadas sobre um negócio ou empresa é muito difícil tomar decisões acertadas e coerentes.

- ☑ Proibir legalmente que empresas de auditoria independentes prestem outro tipo de serviço para a empresa contratante, principalmente consultoria e assessoria. É uma falácia dizer que se trata de coisas distintas e que se preservará a ética em tais condições. É óbvio, e está provado, que se alguém audita uma atividade ou uma empresa deve ser realmente independente e não possuir vínculo outro que não seja com a própria auditoria. Infelizmente, isso ainda é uma prática, incluindo outras atividades não contábeis, como implantação de sistemas da qualidade (ISO 9000), em que muitas vezes o mesmo grupo presta serviço de consultoria de implantação e depois faz a "auditoria". Se aceitarmos a continuidade dessas práticas, seremos merecedores dos efeitos nefastos de nossa própria hipocrisia.

☑ Alteração nos pesos das medidas de desempenho das empresas. Hoje, boa parte dos altos executivos recebe seus rendimentos com base nos resultados financeiros (e contábeis!) que apresenta e, para agravar, a forma mais empregada para essa remuneração adicional é mediante opções de ações, ou seja, o executivo ganha a oportunidade de se tornar sócio da empresa e com a aquisição de ações a um preço diferenciado. Logo, ele, mais que ninguém, se interessa pela opinião dos analistas financeiros e pela respectiva valorização das ações. E temos um verdadeiro círculo vicioso. A remuneração variável é sempre a mais adequada, mas sugerimos que, dentre os indicadores a serem avaliados para os prêmios dos executivos, se incluam itens como a prática de valores e ética, responsabilidade, transparência e objetivos estratégicos da companhia e não apenas resultados financeiros de curto prazo.

☑ Planejamento estratégico. É fundamental para que uma empresa não caia na armadilha do curto prazo.

A elaboração de um planejamento e o estabelecimento de uma estratégia do negócio devem dar prioridade à sua perenidade e ao seu crescimento, assim as ações serão valorizadas não só pelos resultados contábeis do último ano ou trimestre, mas através da consecução dos objetivos e metas alinhavados ao seu plano de negócio de longo prazo. Isso também facilitará, em muito, o trabalho dos executivos e do conselho de administração, no zelo pelo investimento feito pelos acionistas, maiores interessados no retorno do capital investido.

Essas ações podem parecer muito simples para um problema tão grande. Mas de ideias grandiosas e até miraculosas o mundo dos negócios está cheio. Modismos de gestão e administração surgem a cada dia, fazendo a verdadeira festa para universidades, consultores, escritores e editores. Não há sombra de dúvidas que muitas das "novidades" acabam por contribuir para um melhor resultado da competitividade empresarial, embora não sejam "tão novas assim", como se aprega.

Na última semana, uma das personalidades mais importantes e influentes do mundo globalizado, senhor Alan Greenspan, presidente do FED (banco central dos EUA), deu uma declaração ao senado e à câmara de deputados dos EUA, falando sobre a economia americana e os atuais escândalos corporativos, que "arranharam a credibilidade" das empresas americanas. As palavras do senhor Greenspan, como sempre, ganharam capa nos principais jornais de todo o mundo, com as respectivas interpretações de suas consequências para a economia mundial, porém teve um ponto do discurso do senhor Greenspan que passou quase despercebido pela grande imprensa: que as empresas e corporações serão sempre dependentes do caráter do seu presidente! Sim, não nos iludamos. Quem faz uma empresa são as pessoas e quem dá o rumo para sua equipe é o líder. Isso acontece desde os primórdios da humanidade. Aceitemos, portanto, a consideração do argumento simples e sábio do senhor Alan Greenspan e nos preocupemos em colocar nas empresas pessoas que detenham valores morais superiores, pessoas que não se vendam, que não comprem facilidades imorais, enfim, busquemos pessoas que sejam sérias e retas de comportamento! Doravante, será esta mais uma atribuição dos conselhos de administração: selecionar presidentes que, reconhecidamente, sejam providos de CARÁTER.

VIII Empresas familiares e suas facetas

Empresas familiares: excelente oportunidade

As empresas familiares representam uma excelente parcela da riqueza e da renda do Brasil, concentram a maior parte do emprego formal e têm alto grau de sustentabilidade.

O que intriga é que jovens (e outros não tão jovens), geralmente, colocam as empresas familiares como uma das últimas opções em termos de objetivo de carreira, preferindo multinacionais ou grandes empresas de capital aberto. Intriga porque é fato que as oportunidades maiores de crescimento pessoal e econômico estão mais facilmente à disposição em empresas familiares. A justificativa passa pelo pensamento estático de que em empresas familiares as coisas são muito mais difíceis. Mas serão realmente? Depende da visão de cada um.

As empresas familiares possuem características muito próprias, têm peculiaridades que qualquer organização tem. No DNA da empresa familiar está a preservação da cultura organizacional, calcada normalmente nos valores e nos princípios do fundador. Também há uma convivência, nem sempre harmônica, de vários papéis exercidos pelos mesmos personagens. O fundador é o presidente, mas também é o pai. O diretor ao lado é meu colega, mas também é meu irmão. Meu chefe é filho do dono. As decisões também possuem sua própria dinâmica, são mais rápidas e, por outro lado, também têm um peso emocional muito considerável. Uma loja não está dando nenhum lucro, mas está em um local que o proprietário tem um forte vínculo com a comunidade e, então, melhor ir ficando... Isso é muito comum.

Há excelentes oportunidades no processo de transformação de "empresa de família" para empresas familiares com gestão profissional. Uma empresa familiar profissional alia todas as características positivas do seu DNA a um conceito claro de meritocracia e de foco em resultados. Isso a torna excelente em condições de competitividade e de sustentabilidade a curto, médio e longo prazos.

O primeiro passo para a profissionalização é que haja consenso entre os sócios do papel da empresa & família. O que queremos realmente, perenizar a empresa? O que representa a empresa para nós e nossas famílias? Apenas o local de retirada dos recursos ou um leque de responsabilidades com a sociedade e todos os públicos afetados pela empresa? O mestre Peter Drucker dizia que "se a família trabalha para a empresa, esta sobrevive e sustenta a família. Se a empresa trabalha para a família, ela morre." Síntese de gênio!

Depois de definida a essência é momento das ferramentas. É fundamental que os sócios estabeleçam as regras do jogo para a organização, para os herdeiros, para os sócios e os colaboradores. Um código de conduta e/ou societário é um excelente instrumento para realizar com sucesso esse grande acordo das "regras" que protegerão a empresa e a relação entre seus públicos. Sócio pode ter outra empresa? Herdeiro pode trabalhar no concorrente? Sócio que trabalha na empresa ganha pró-labore e salário? São perguntas muito delicadas e que devem ser respondidas com profissionalismo, cuidado e coragem para preservar a organização e a harmonia da família.

Também é imprescindível que a estrutura organizacional seja bem desenhada, com autoridade e responsabilidades claramente definidas, delimitando as esferas de influência e de tomada de decisão. Sem isso, temos um quadro extremamente perigoso para qualquer organização: ausência de responsabilidade e/ou choque de autoridade!

A meritocracia deve ser implementada. Indicadores e resultados passam a ser o principal fator de análise do desempenho empresarial e dos gestores. Sou amigo do fundador, estou há 20 anos na empresa, mas se não consigo entregar resultados concretos, tenho de sair. Ponto! Importante esclarecer que a lealdade e a dedicação continuam valendo ouro! Só não são mais o principal fator de avaliação. Este agora passa a ser o mérito.

As empresas familiares possuem um enorme potencial de alavancagem do seu resultado, profissionalizando a sua gestão. Elas estão enxergando isso e buscando apoio nesse sentido. Também representam uma ótima chance de profissionais abrirem seus espaços em empregos com alto potencial de ganhos de maturidade, crescimento individual e econômico. Basta acreditar mais nas empresas familiares.

Empresas familiares

As empresas familiares representam, apenas no Brasil, 60% do PIB e 85% dos empregos disponíveis. Esses dados por si demonstram duas constatações um tanto paradoxais: a importância inequívoca das empresas familiares, bem como elas ainda são pouco consideradas pelas políticas governamentais e pela sociedade como um todo.

As universidades, os congressos de RH e as revistas de autoajuda em negócios promovem de forma incansável a idealização de excelentes empregos e oportunidades em empresas multinacionais ou grandes empresas de capital aberto. Listas e listas de melhores empresas para se trabalhar, mas se esquecem de incluir em seus critérios de pesquisa empresas médias e pequenas, bem como na análise do resultado não apresentam os cortes por empresas familiares e não familiares. Seria muito interessante conhecer e analisar os resultados dessa outra forma.

Do ponto de vista de competitividade as empresas familiares profissionais, ou seja, que têm um sistema de gestão implementado, têm no geral um ótimo resultado frente às empresas não familiares, sejam de capital aberto ou não. Em uma empresa familiar, há alguns fatores muito positivos:

- ☑ Há uma unidade de pensamento sobre o negócio, suas premissas e a forma de a empresa atuar com todos os seus públicos, ou seja, há um alinhamento de cultura organizacional, impulsionado pela história de sucesso do fundador.
- ☑ Há menos disputas de poder, principalmente até a segunda geração, pois há a necessidade de se manter íntegros os interesses da empresa e da família.

- ☑ As decisões são mais rápidas, pois dependem de menos pessoas e que são investidas do poder de decidir.

- ☑ Decisões mais ágeis dão velocidade a ações e reações ao mercado, garantindo mais oportunidades de competitividade.

- ☑ Para quem ocupa um cargo profissional em uma empresa familiar, há uma excelente oportunidade de conviver com quem decide de fato, gerando um excelente campo de desenvolvimento e aprimoramento profissional.

Há, portanto, vantagens competitivas das empresas familiares e que devem ser aproveitadas através de um sistema de gestão profissional.

Mas a estatística também demonstra uma alta taxa de mortalidade das empresas familiares:

- ☑ Apenas 30 % sobrevivem à 2ª geração (sociedade de irmãos).

- ☑ Apenas 15 % sobrevivem à 3ª geração (consórcio de primos).

- ☑ Apenas 5 % sobrevivem à 4ª geração.

Como entender que empresas que detêm fatores tão positivos não conseguem sobreviver? Há algumas respostas:

- ☑ Não preparação por parte do fundador das premissas de continuidade da empresa, ou seja, das regras que devem balizar o relacionamento da família & empresa & patrimônio.

- ☑ O fundador não implementar com tempo suficiente o processo sucessório. Infelizmente, no Brasil, ainda encaramos o processo sucessório em empresas como sinal de "falar em morte", visão completamente atrasada e distorcida.

- ☑ Os dois pontos acima, na falta do fundador, geram um enorme vazio de liderança — muitas vezes, fatal para a sobrevivência da empresa.

- ☑ Disputa de poder entre irmãos (2ª geração) e primos (3ª geração), dispersando energia da empresa e guerras internas quando todos perdem.

- ☑ Confusão de papéis: família x empresa. Isso gera, em muitas oportunidades, uma mão de obra pouco qualificada na empresa, reduzindo seu nível de qualidade de gestão.

- ☑ Mistura dos "bolsos" levando, muitas vezes, a um desequilíbrio entre empresa e patrimônio.

Os fatores acima são os responsáveis pela alta taxa de mortalidade das empresas familiares. Nesse sentido, as empresas, ao conhecê-los, podem se precaver trabalhando de forma preventiva em cada um dos pontos, eliminando e/ou mitigando os seus riscos.

Podemos concluir de forma muito clara:

- ☑ As empresas familiares são uma ótima oportunidade de trabalho para profissionais que queiram fazer uma carreira executiva vencedora. Também são vencedoras de mercado.

☑ As empresas familiares necessitam de uma gestão profissional e de regras claras de convívio empresa & família & propriedade (governança corporativa) para que maximize suas vantagens e minimize seus riscos.

O mercado de trabalho nas empresas familiares

A maioria dos profissionais se forma e se desenvolve tendo como objetivo trabalhar em um ótimo cargo numa empresa multinacional, numa grande empresa brasileira de capital aberto ou, ainda, ter o seu próprio negócio. Como muitos pensam assim, o resultado será um maior nível de concorrência nesses mercados. A questão é: por que não abrir o leque e pensar que a empresa familiar pode ser um grande empregador de mão de obra qualificada?

No Brasil, a maior parte dos empregos está concentrada nas micro, pequenas e médias empresas, tradicionalmente familiares. A inserção do Brasil no mercado global exige que não somente exportadores se tornem mais competitivos, mas que todas as organizações sobrevivam, portanto as empresas familiares estão cada vez mais conscientes de que esse processo de mudança é imprescindível também para elas.

Abrem-se portas para profissionais especializados e executivos nas empresas familiares. Como é um mercado crescente até então, o nível de concorrência era menor, podendo ser mais bem aproveitado pelos profissionais.

Trabalhar em uma empresa familiar apresenta algumas peculiaridades e algumas ótimas vantagens. Se por um lado pode haver uma tendência de certa confusão entre interesses da família x da empresa, também haverá oportunidades para a realização de ações e projetos que talvez demorassem anos ou que sequer seriam avaliados em uma multinacional.

O acesso à diretoria das empresas é extremamente facilitado em uma empresa familiar. Pessoas de cargos situados mais na base da pirâmide organizacional também têm facilidade de conversar, sugerir e influenciar na percepção da diretoria. Isso é muito bom para quem realmente se compromete com uma organização e facilita a descoberta de novos valores que poderiam ficar escondidos na burocracia da estrutura organizacional de uma grande empresa multinacional e/ou de capital aberto.

A velocidade das decisões tende a ser maior nas empresas familiares. Os executivos estão representando o seu próprio interesse como detentores do capital, portanto tendem a tratar com maior objetividade os processos de decisões que envolvem o seu negócio. Isso também é facilitado pela vivência direta no próprio negócio, tendo um sentimento apurado das ameaças e das oportunidades geradas tanto pelo ambiente interno quanto pelos cenários externos da indústria em que se atua.

Obviamente que nem tudo são flores. Em uma empresa familiar típica ainda vamos encontrar o conflito de competência x arranjos domésticos. Como deixar sem emprego aquela sobrinha que se formou, apesar de termos muitos profissionais melhores, já com experiência, para a mesma vaga? E o que fazer com os filhos que estão crescendo, estudando e se formando? Como ter de demitir, após longos anos de serviços lealmente prestados, aquele profissional que já não está atualizado para os desafios do presente que a empresa vive? Como justificar o filho que aparece de vez em quando na empresa e recebe um salário maior que o seu colega do mesmo cargo? Como justificar que alguns podem se atrasar e outros não? Sim, são grandes os desafios. Para um profissional capacitado e maduro, não será fácil conviver com essas que seriam verdadeiras "aberrações" em um mundo corporativo.

A vacina para tais situações é a atuação competente e muito madura do profissional que adere à empresa familiar. Ele não deve se deixar envolver emocionalmente com questões como essas. Seu objeto de trabalho é demonstrar, de forma eficaz, à diretoria (e aqui o acesso é muito facilitado) que há a necessidade de mudanças. Essas mudanças visam elevar o grau de competitividade, de organização e de profissionalização, assim a gestão de recursos humanos será, sem dúvidas, um catalisador desse processo.

Outro aspecto muito importante no ambiente de trabalho em uma empresa familiar é o aprendizado. Em uma grande empresa, geralmente, as áreas de atuação são claramente delimitadas, enquanto na empresa familiar o próprio profissional dará abrangência à sua área de atuação, dependendo da sua competência, nível de conhecimento e compromisso. Isso será muito importante na formação de sua experiência e vivência, gerando um profissional com uma visão mais abrangente e holística.

Aos profissionais, a empresa familiar é mais um canal importante de colocação, e para a organização é uma ótima oportunidade de elevar seu capital de conhecimento e de promover a sua profissionalização.

IX Inovação & posicionamento

Mercado & posicionamento

Apesar de estar claro, tácito e explícito que todas as empresas privadas com fins comerciais fazem parte do mercado, muitas vezes empreendedores, empresários e executivos parecem se esquecer dessa verdade.

Quantos negócios são abertos sem uma mínima pesquisa e estudo de viabilidade! Quantas decisões de expansão são tomadas com base apenas no entusiasmo! Impossível pensarmos na empresa como se "ela se bastasse". As empresas são parte integrante do mercado e, portanto, ele precisa e deve ser estudado profundamente para que nossas ações sejam norteadas por fundamentos técnicos e não apenas arroubos de emoção.

Para isso, o mínimo que temos de fazer:

Evolução e tendência do mercado

Temos de realizar um profundo estudo sobre o comportamento histórico do mercado e, principalmente, os movimentos atuais e suas tendências de futuro. Vamos abrir um negócio novo? Algumas perguntas básicas precisam de resposta: qual o tamanho desse novo mercado? Qual a rentabilidade média desse setor? Quais as dificuldades que os componentes atuais do mercado enfrentam? Por que acho que serei bem-sucedido nesse mercado? Daqui a 5 e 10 anos, esse mercado ainda existirá? São alguns pontos preliminares antes da decisão de abertura de uma empresa. Sei que muitos dirão: "Quando abri o meu negócio eu não sabia nada disso e deu certo." É verdade, há um sem número de casos que atestam essa afirmativa, mas, de agora em diante, com o nível de concorrência, tecnologia e gestão atuais, sucesso sem planejamento será cada vez mais raro.

E mesmo empresas estabelecidas há 20, 30, 40 anos têm de continuamente avaliar o mercado em que atuam. O número de concorrentes está decrescendo ou aumentando? O poder de barganha dos fornecedores é alto ou baixo? Há novos concorrentes vindo de outros locais? Há algum outro tipo de produto que substitui o que produzo ou vendo? O poder de compra dos clientes é alto ou baixo? A margem é satisfatória? Qual a rentabilidade média do setor? Essa rentabilidade remunera o capital que tenho investido? Não são perguntas fáceis. Para se fazer essas perguntas precisa-se de coragem. Coragem para reavaliar um negócio de anos, que talvez eu mesmo tenha criado e que eu gostaria de nunca me desfazer dele. Mas se realmente o empresário deseja perenidade para a sua empresa e proteção do seu patrimônio, ele tem de fazer perguntas como essas e buscar respondê-las com a mais alta sinceridade.

E qual o comportamento que o mercado aponta? Temos de estudar esse comportamento. Por exemplo, há vários anos se iniciou uma consolidação do mercado em todo o mundo. Grandes aquisições e fusões aconteceram nos Estados Unidos, Europa, Ásia e na América do Sul. Vimos isso em montadoras, bancos, indústria de bebidas, mídia e comunicação, marcas de varejo entre outros.

No Brasil não foi diferente e tem se provado um caminho sem volta. Desde o ano passado veio com mais força. A consolidação de mercado é inevitável.

Muitos recursos financeiros disponíveis, necessidade de alocação desses recursos, aumento da concorrência em todos os mercados, redução da rentabilidade, necessidade de ganho de escala e a consolidação dos mercados são tendências atuais e futuras.

A consolidação de mercados, a perda de margem e a rentabilidade são apenas alguns exemplos entre as tantas mudanças e movimentos que acontecem. E as empresas precisam levar em conta esse cenário externo para tomar decisões sob pena de não sobreviverem.

Posicionamento

Dentre todas as variáveis e nuances do setor em que atuo ou pretendo atuar, qual é o meu diferencial? Por que os clientes devem fazer opção pela minha empresa e não por outra? Que público eu quero realmente ter como cliente? O que eu produzo ou faço que faz minha empresa tão especial frente às outras? O que eu não faço? Por trás de todas essas questões está a necessidade de uma empresa ter um POSICIONAMENTO ESTRATÉGICO.

E estar posicionada significa saber exatamente qual a sua proposta de valor para os clientes, quem são seus clientes-alvo, qual setor específico do mercado quer atuar e que rentabilidade está perseguindo.

O poeta Fernando Pessoa já dizia "que não há vento bom para quem não sabe para onde ir". Sem sabermos exatamente o que queremos, como queremos e quem queremos atender, sem um planejamento estratégico claro e sem nos diferenciarmos da concorrência, ficaremos reduzidos a uma interminável e nefasta guerra de preços, que destrói a rentabilidade e inviabiliza o negócio a médio e a longo prazos.

Conclusão

Conta-se que antes do jogo com a União Soviética, na Copa do Mundo de 1958, o técnico brasileiro, na preleção minutos antes da partida, fez uma explanação de um plano para os jogadores da seleção — a bola faria toda uma determinada trajetória "tranquila" até chegar à área adversária e fazer o gol. Todos ouviram em silêncio, acenaram a cabeça que sim e se foram para o gramado. Na subida das escadas, o Garrincha comentou com um colega sobre a estratégia do técnico: "Só faltou combinar com os russos."

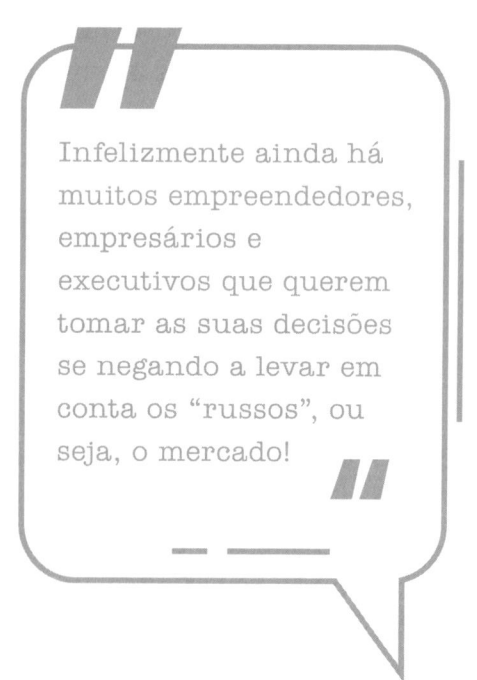

> Infelizmente ainda há muitos empreendedores, empresários e executivos que querem tomar as suas decisões se negando a levar em conta os "russos", ou seja, o mercado!

Momento da gestão

O contexto político e econômico do Brasil atual é de incerteza do ponto de vista de confiança numa melhoria econômica consistente, em curto e médio prazos, ou seja, o mercado não melhorará para a sua empresa e seu negócio. E o que fazer? Agir!

Todos pensam em enxugar despesas, custos, adiar investimentos, rever planos de crescimento, ou seja, todos buscando perder o mínimo possível. Mas a opção de não querer crescer não pode ser a única. Podemos rediscutir níveis de crescimento com base na realidade, mas, se optarmos por erguer trincheiras para apenas nos contentarmos com o que temos (ou tínhamos), provavelmente, vamos encolher. E, novamente, o que fazer? Se precisamos continuar a executar a estratégia e temos limites de caixa, de créditos, de vendas, como buscar recursos para não ficar fora do jogo? Melhorar a gestão. Ponto!

O momento exige soluções criativas e, ao mesmo tempo, simples e pragmáticas na melhoria da gestão, tais como:

- **Ter mais foco em produtividade e inovação**. Temos de rever processos a fim de reduzirmos prazos, passos desnecessários, tempos de espera e todas e quaisquer atividades que não são absolutamente importantes para os clientes ou para a obtenção de maior rentabilidade.

- **Ter uma estratégia de médio e longo prazo**. Não podemos cometer o desatino de tomarmos decisões emocionais que prejudiquem a estratégia de longo prazo da organização. Algumas ações de redução de despesas são lindas para marketing, mas solapam a cultura organizacional, a motivação e a identidade da empresa.

- **Buscar soluções mais criativas.** Hora de simplificar. Entre o bom e o ótimo há um caminho seguro e mais barato a seguir. Incentive todos na organização a tentarem novas soluções, novos caminhos e a perguntar "por que não?".
- **Trabalhar mais e de forma mais inteligente.** Faça uma análise em que atividades as pessoas gastam a maior parte do seu tempo e racionalize. Esse relatório precisa ser mesmo semanal ou pode ser mensal? São exemplos que podem ser estendidos a toda estrutura e pessoas.
- **Apoiar e desenvolver os talentos das organizações.** Identifique seus talentos, apoie-os e continue a desenvolvê-los com cursos, treinamentos e programas de capacitação. Eles são realmente um ativo que deve ser preservado em tempos tão difíceis.
- **Ter menos tolerância com os limitados ou mais lentos.** O mercado está menor. A competição ficará mais agressiva, as margens menores. Carregar os colaboradores menos comprometidos e limitados será um peso enorme para a obtenção dos resultados. Aos mais lentos, explique que o momento exige velocidade de ação. Se não reagirem, paciência, o momento exige decisões francas.

O investimento em gestão é o menor se compararmos com novas instalações, ERP's, maquinário, frota, layout entre outros, tem um resultado mais rápido e permanece ao longo do tempo.

INOVAÇÃO: começar por onde?

Todos querem inovar. As organizações colocam a inovação como condição de premissa para a sua sobrevivência e seu crescimento. Milhares de horas de treinamentos são usadas para a capacitação no tema. Muitas vezes, até são contratados profissionais específicos para um cargo formal com a função organizacional de inovação.

A questão é: por onde começar, de forma concreta, a fazer da inovação uma realidade nas empresas e nas organizações de todos os setores?

E é sobre isso que gostaria de discorrer, buscando dar algumas opções para que deixemos de falar de inovação e consigamos incorporá-la no dia a dia das organizações.

Cultura organizacional

O grande desafio organizacional é fazer com que a inovação se torne parte da cultura, para isso precisamos iniciar desconstruindo. Sim, precisamos desconstruir a mentalidade vigente que, na maioria das vezes, é nociva para a inovação.

De início, precisamos aumentar nossa tolerância aos erros. Se uma empresa errar, tentando acertar e fazer algo novo, e receber punição, explícita ou implícita, estamos enviando um recado forte para todas as pessoas que tentar fazer diferente é um grande risco.

Claro que não estamos incentivando o errar por errar. Isso é estupidez e autoajuda empresarial. Estamos falando de criar processos organizacionais que respeitem, e até valorizem, quando se tenta algo novo, mesmo que isso resulte em erros e falhas.

Podemos fazer isso delimitando o escopo das iniciativas, controlando obviamente para que não haja erros que coloquem em risco a estratégia e a reputação da empresa.

Também precisamos identificar e eliminar os "jargões" que existem na empresa e que dificultam uma mentalidade de crescimento e evolução. Frases como "é assim que fazemos aqui", "fulano não vai aprovar", "temos enorme orgulho de fazermos assim" podem gerar um fator inibidor para que não sejam tentados novos caminhos.

Se a empresa já tem formalizada a sua cultura organizacional, é muito importante fazer uma análise se há, na missão, visão e valores, alguma palavra, frase ou mesmo definição, que, de alguma forma, possa criar uma linguagem subliminar de bloqueio ao novo. Darei um exemplo real. Há alguns anos, na MB Consultoria, revisamos os valores organizacionais e tiramos, como valor, a palavra "disciplina". Mesmo acreditando que disciplina é um componente fundamental para o sucesso das pessoas e das empresas, entendemos que naquele momento poderia dar um sentido de "rigidez" e não o que queríamos focar, que era levar uma missão até o final. Passamos a adotar a palavra "responsabilidade", que também mais tarde evoluiu para "confiança", que trazem embutidas o conceito de disciplina, porém sem o risco de limitação do entendimento.

Se a cultura não estiver aberta para o novo, será impossível trazer inovação para a empresa. Mergulhe numa análise da cultura, verbalizada e implícita, para buscar retirar as barreiras para uma mentalidade de evolução contínua.

Liderança

Se a liderança não estiver convencida e absolutamente convencida de que inovação é um caminho sem volta, nem inicie qualquer processo nesse sentido. Desde o topo da organização até o seu nível mais baixo de liderança, todos precisam ser o próprio exemplo de inovação.

Tratando-se do presidente, este deve ser o grande catalisador de todo o processo da mudança cultural da organização. E para isso precisa se desafiar. Desde o seu próprio comportamento até habilidades, conhecimentos e atitudes. Não estou sugerindo que haja uma perda de identidade, mas de ter sabedoria para exercer *mutatis mutandis*, ou seja, mudar apenas o que precisa ser mudado.

As mensagens podem ser visíveis e chamativas, bem como sutis, mas nem por isso serão invisíveis.

Alguns exemplos que o líder maior de uma organização pode implementar:

- ☑ Fazer uma mudança, de conteúdo e formato, nas reuniões sistemáticas que tem com a sua equipe.
- ☑ Se possível, mudar alguma coisa do layout do escritório.
- ☑ Investir na aquisição de novas habilidades, de conhecimentos, para que todos vejam que está se expondo ao novo.
- ☑ Buscar alguma alteração sobre regras de comportamento, como, por exemplo, um dia de roupa casual, um champanhe para brindar um novo contrato.

- ☑ Mudar, vez ou outra, no estilo pessoal de se vestir, ou se pentear.
- ☑ Demonstrar que está aberto para novas ideias, sugestões, projetos etc.
- ☑ Buscar um ambiente, físico e emocional, onde as pessoas se sintam mais leves e com abertura para pensar e dar novas ideias.

O que quero dizer é que a liderança maior da organização precisa ser o próprio exemplo de mudança e se desafiar nesse sentido.

Recordo-me de que, em 2008, em um curso de extensão na Universidade em Wharton, na Filadélfia/USA, comprei meu primeiro Macbook. Foi um desafio deixar, de um dia para o outro, a zona de conforto do Windows para partir para o iOS, mas me obrigou a aprender novas habilidades, administrar meu desconforto em mudanças e deu um exemplo de que eu estava aberto a fazer coisas novas. Depois, em 2014, mudamos todo o ambiente de tecnologia da empresa para Apple/iOS, o que foi uma verdadeira quebra de paradigmas em nossos quase 27 anos de história.

Sem o exemplo vindo de cima, é impossível conseguir que a empresa incorpore, em sua cultura, estratégia e processos, a inovação.

Líderes fracos, pouco qualificados, sem valores morais fortes e sem uma visão aberta do mundo jamais levarão um time, nem que seja dos melhores do mundo, a produzir um resultado de alto valor.

Precisamos do contrário, de líderes que, de fato, têm paixão e alta capacidade em liderar.

Experimentação

Normalmente queremos prever os resultados de toda e qualquer iniciativa que pretendemos fazer; um produto novo, um novo canal logístico, um parceiro estratégico, uma mudança de marca, dentre outras. Sempre procuramos tentar descobrir os resultados usando pesquisas e previsões, tentando minimizar ao máximo o risco dos investimentos empregados e possíveis efeitos negativos.

Esse modelo acaba sendo alicerçado na premissa que é "tudo ou nada", o que faz com que se perca muito do apetite a tentar coisas novas, sob a cultura do risco.

Como mudar isso? Como conciliar mais ousadia na tentativa do novo sem o aumento proporcional dos riscos?

Minha sugestão é trazer aos projetos a ideia de "experimentação". Fazer uma experiência em alcance reduzido, medir os resultados, aprender com isso e somente após tomar uma decisão de escalar a inovação ou abortá-la.

Estamos pensando em expandir lojas físicas para o interior. Em vez de fazer um projeto grande, robusto, de abrir vinte ou trinta lojas, abrimos um ou duas, em cidades que possam representar as demais, e, com base na experiência, temos mais elementos para ajustar os modelos, replicá-los ou até desistir do projeto.

Precisamos incorporar à cultura e à estratégia o processo de experimentação. Modelamos, criamos o protótipo da ideia, testamos, implementamos, medimos e avaliamos. A partir daí, com ampla gama de dados e informações, podemos avançar ou recuar.

Com essa metodologia e essa mentalidade, os recuos não serão considerados fracassos, mas apenas parte do resultado do experimento.

Tempo

Outro grande desafio para que as empresas inovem é a absoluta falta de tempo para pensar.

Todos temos dois tipos de atividades no trabalho. As atividades sistemáticas são aquelas inerentes ao cargo e que têm frequência definida. Elas podem ser diárias, semanais, mensais.

A questão é que, normalmente, as atividades sistemáticas ocupam 90, 100% do tempo dos profissionais.

Nesses termos é impossível inovar, porque, para que pensemos em novos processos, novos jeitos de fazer algo, novos produtos, precisamos de tempo, pois todas são atividades não sistemáticas.

A questão é que se as atividades sistemáticas deixam de ser executadas, o resultado será negligência do profissional, pois haverá, com certeza, algum impacto negativo.

Numa cirurgia de alta complexidade, uma série de atividades sistemáticas precisa ser executada por todos os profissionais envolvidos — instrumentista, enfermeiros, anestesistas, médicos auxiliares e cirurgião. Se qualquer uma das atividades desses profissionais deixar de ser realizada, há risco para o paciente e para o resultado esperado da cirurgia. Se esses profissionais querem buscar melhores métodos de realizar a cirurgia, estudando alternativas que gerem mais segurança para o paciente, menos custos hospitalares e maior resolutividade, eles precisam de tempo para isso. Se a carga horária da equipe for tomada com 90% do tempo para as atividades sistemáticas, isso torna impossível a inovação.

Cabe à liderança observar a taxa de ocupação da sua equipe com as atividades sistemáticas e garantir que não ultrapasse um patamar de 70/80% (mais alto na estrutura, devemos ter menos tempo com atividades sistemáticas) para que haja a oportunidade de se inovar. Como estamos tratando de matemática, ou conseguimos realmente otimizar o tempo e produtividade ou se faz necessário termos um pouco mais de sobra no quadro de pessoal da equipe.

Sinergia entre gerações

Acredito que hoje seja fundamental termos pessoas de mais de uma geração na equipe. Pessoas na faixa dos 60, dos 40 e dos 20 anos. Se bem trabalhado pelos modelos organizacionais, há grande chance de ser formada uma grande sinergia geradora de inovação.

Os mais jovens trazem sua empolgação, conhecimento e domínio em tecnologia, abertura de pensamentos e inexistência de vícios organizacionais.

Os mais maduros têm conhecimento aplicado, formação consolidada e conhecem como os processos de decisão e liderança acontecem no mundo corporativo.

Uma liderança capaz, firme e ao mesmo tempo flexível, conseguirá se tornar maestrina dessa equipe diversa, com gerações variadas, com virtudes e limitações próprias de cada geração.

Vejo com enorme potencial inovador um time com essas características.

Em resumo...

Com quase trinta anos como consultor empresarial e conselheiro de administração e com quase quarenta anos de liderança de equipes, vejo cada vez mais a inovação como uma questão mais de mentalidade do que de tecnologia.

Com uma liderança capaz, uma equipe que saiba trabalhar junta, com tempo suficiente, com um ambiente que gere confiança e com uma cultura organizacional que quebre o conceito de comando e controle, tenho certeza de que semearemos, com grande chance de sucesso, as sementes que gerarão a empresa do presente e do futuro.

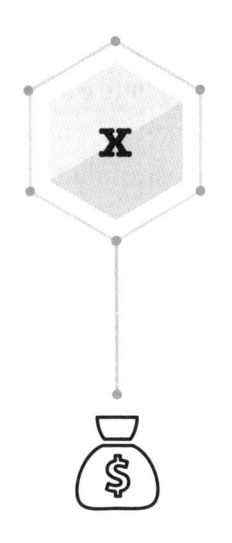

O cliente é o seu maior ativo. Cative-o!

Ouvindo o cliente

Nos tempos da administração moderna, temos uma voz uníssona quanto à necessidade de qualidade no atendimento aos clientes, porém quando partimos da ideia à prática, há uma enorme distância.

Primeiramente, uma grande quantidade de empresários, executivos, gerentes e empregados ainda não internalizou quem é o cliente e quem paga seus salários, gerando lucratividade. Isso é verbalizado em tratamento inadequado, falta de retorno às reclamações, despreparo dos vendedores, pouco conhecimento dos próprios produtos, falhas na entrega etc. Em diversos setores, temos a impressão nítida de que quem nos atende ou nos vende está nos prestando um enorme favor e fazendo um grande sacrifício. A situação é exatamente o contrário: o cliente é a razão de ser da empresa e dos nossos empregos!

Quando se avança um pouco mais na conscientização quanto à importância de melhorarmos constantemente nosso atendimento, inicia-se o momento de tentar "ouvir" o cliente. São criados folhetos e caixinhas para reclamações. Geralmente é algo bonito e vistoso e que tem até uma boa divulgação interna, entre salgadinhos, refrigerantes etc. E os clientes, quando estimulados, participam ativamente, contribuindo com sugestões, comentários, reclamações. E o que as empresas fazem com todas essas contribuições? Infelizmente, se inicia aí o processo de frustração e desconfiança dos clientes, pois não há retorno por parte de quem solicitou as contribuições. Com o passar do tempo, a situação piora. Os formulários acabam, a caixinha se deteriora e, sem que ninguém decida, o programa termina (agora sem o atrativo dos salgadinhos)!

Algumas empresas têm uma iniciativa maior. Elas contratam institutos de pesquisas para buscarem saber, com métodos científicos, o que o cliente pensa sobre seu atendimento e processos de trabalho. As pesquisas são realizadas e, em muitas oportunidades, o pesquisador tem dificuldade em obter a participação do cliente, seja por uma frustração anterior (como já comentamos) ou pela falta de cultura em contribuir para a melhoria das empresas. Com os resultados espera-se que haja uma avaliação criteriosa de todos os dados obtidos, a fim de transformá-los em informações que nos permitam conhecer todas as necessidades e os anseios dos clientes, conquistando sua fidelidade e melhorando continuamente os nossos serviços e atendimento.

Mais uma vez a realidade é totalmente diferente do que se pretende. Investe-se na realização de pesquisas e com os dados desse relatório em mãos, mesmo contendo informações valiosíssimas, geralmente, a avaliação é muito superficial.

Acontecem reuniões de alguns gerentes para discutirem os números e dados detectados e ocorre uma coisa até curiosa: quando os números são bons, a virtude é da empresa e, quando os resultados são ruins, a "responsabilidade" é dos clientes que não têm razão de reclamar. Isso é um enorme erro de estratégia e de tática mercadológica! Há o investimento em pesquisas grandiosas, o cliente investe seu tempo para participar e, infelizmente, ao final, temos uma avaliação medíocre, com resultados práticos quase nulos ou até prejudiciais. Os clientes se veem frustrados e se sentem traídos pela falta de retorno às suas contribuições.

Nesse universo também existem as empresas que fazem corretamente a lição de casa, ou seja, sondam a satisfação de seus clientes e com os resultados em mãos, OUVEM seus anseios e suas expectativas, assumindo que esses mesmos clientes são as melhores fontes para avaliar a qualidade de seus processos e de seu atendimento. As pesquisas são analisadas de maneira profunda, baseada em dados estatísticos e em contribuições analíticas, destacando os pontos importantes e, sobretudo, planejando as respectivas ações corretivas, preventivas e proativas.

Quem já teve em mãos uma pesquisa de satisfação sabe a riqueza que ela representa. Ali se encontram reclamações que nos apontam falhas em nosso trabalho, sugestões para ações importantes que podem gerar a fidelização e até a criação de novos produtos e serviços.

A conclusão é óbvia: temos de estabelecer canais para o cliente contribuir com reclamações e sugestões, tabular tais informações, analisar com profundidade e profissionalismo os resultados, planejando e executando ações concretas para corresponder ao programa.

A constatação é simples (embora tão difícil de internalizar): o responsável pelo faturamento de nossas empresas e pelo nosso salário é o CLIENTE, e é ele a figura principal de nossos processos, a quem devemos escutar e, assim, atender às suas necessidades e expectativas.

Qualidade do atendimento

Confesso que há alguns temas em gestão cuja discussão deve envolver outras ciências e linhas de pensamento, como filosofia, antropologia, sociologia e biologia. A questão do atendimento é um desses temas. Por que não parece natural atender bem à outra pessoa? Mas deveria ser!

Em sua enorme maioria, as pessoas que atendem às outras são profissionais e recebem por isso. São vendedores nas lojas, comissários a bordo de aeronaves, garçons em restaurantes, recepcionistas em portarias e consultórios, médicos, funcionários públicos, telefonistas, policiais, enfim, uma gama de profissões que têm como sua função principal, ou dentre essas, o "atender bem", e são pagos para isso. Veja bem: são pagos, recebem uma remuneração para atender bem às outras pessoas.

Há aqueles que atendem às outras pessoas e que não recebem para isso, como é o caso de religiosos e voluntários. Apesar de não serem pagos para atender, o fazem de livre vontade, ou seja, não são obrigados a estar ali, fazendo o que fazem.

Além da ética profissional, atender bem vai ao encontro de boa parte da essência das religiões: fazer ao outro aquilo que gostaríamos que o outro nos fizesse. Essa é uma excelente recomendação para o bem atender. Vou oferecer ao outro o que quero receber dele!

Também aprendemos, desde crianças, a ser educados com as pessoas. Dar bom dia, cumprimentar com um aperto de mãos e com os olhos, sorrir... Enfim, tratar bem os outros. Ser agradável e cortês.

Os pontos citados deixam claro que deveria ser natural atender bem às pessoas. Deveria... Infelizmente, não é o que a realidade mostra.

Qualquer um de nós já passou por alguma dessas situações:

- ☑ Ao fazer uma viagem de avião, ter a nítida impressão de que, ao ter comprado uma passagem, muitas vezes cara, não fez mais que sua obrigação. E que, na verdade, é a companhia aérea que te faz um "enorme favor" por autorizar que você voe em suas aeronaves. Por que esse sentimento? Pela forma como os funcionários em terra, e até alguns comissários, te tratam.

- ☑ Entrar em uma loja, buscar uma informação para realizar uma aquisição e perceber que os vendedores conversam entre si e que não têm a menor vontade de encerrar o bate-papo para ir te atender.

- ☑ Há uma semana entrei em uma loja no aeroporto de Brasília, porque precisava comprar uma camisa. Como não havia alternativa naquele momento, utilizei uma loja do aeroporto, apesar de saber que normalmente trazem preços maiores. Ao verificar as camisas, vi que eram todas de grife e caras. Pelo menos pensei que seria bem atendido. Durante os 15 minutos que fiquei na loja, com as camisas na mão, a única atendente (ou gerente) se encontrava ao telefone conversando animadamente. Ela olhou para mim, viu que eu estava com a mercadoria em mãos e continuou a conversar. Deixei a camisa, me retirei e ela continuou sua conversa animada ao telefone.

- ☑ Chegar ao consultório médico e não receber sequer o olhar da secretária. Ao invés de um cumprimento ou demonstração de alegria por sua presença, recebemos um "você tem horário marcado?" Se respondermos sim, ganhamos "a identidade e a carteirinha".

Tudo sem absolutamente nenhum olhar ou cumprimento. Sorriso? Nem pensar.

- ☑ Ser atendido por um médico que nem te examina. Não olha para você. Pergunta e escreve na sua "ficha". Já fui atendido por um conhecido médico ortopedista em Manaus, com uma dor forte de coluna, que não me examinou clinicamente, me mandou fazer uma radiografia (na clínica dele, claro!) e no retorno me receitou o remédio que eu já estava tomando, pois ele também não havia me perguntado. Belo atendimento!

Infelizmente, a prática parece desafiar a lógica. Deveria ser muito natural para nós, seres humanos, tratar bem outros seres humanos. Dever maior ainda se nós recebemos pagamento para isso. Cabe às organizações e aos seus líderes investirem tempo e recurso para mudar esse quadro. Mau atendimento traz prejuízo. Nisso todos concordamos.

Humildade e lealdade do cliente

O sonho de toda empresa é ter um cliente "fiel", ou seja, um cliente para quem você representa sempre a primeira opção de compra. Para isso se criam variados programas de fidelização, como as milhagens das companhias aéreas, cartões de bônus, canais de atendimento, classificação de contas, atendimento *vip* etc. A ideia é que clientes que compram de nossas empresas repetidas vezes nos proporcionam maior rentabilidade, pois a relação é conhecida, assim como as expectativas e os hábitos de consumo.

Mas o que está implícito no processo de fidelização dos clientes é a confiança. E confiança se conquista através de um contínuo processo de bons atendimentos, bons produtos e, sobretudo, de integridade e de transparência. Confiança gera credibilidade e credibilidade gera confiança. É um ciclo virtuoso que gera relacionamento de longa duração e que proporciona sinergia, onde cliente e fornecedor saem ganhando.

Se confiança é uma premissa para fidelização dos clientes, em que momento esse processo é realmente testado? O verdadeiro teste do bom atendimento e da integridade com o cliente acontece quando há uma insatisfação com os nossos serviços e produtos. Não estou dizendo apenas quando há uma reclamação, atitude explícita. Falo sobre insatisfação, muitas vezes, até não manifesta, mas que sabemos ser latentes. É a nossa grande oportunidade para provar aos nossos clientes que temos real interesse em um relacionamento transparente, íntegro e de ganho mútuo, portanto, a qualquer manifestação de insatisfação dos nossos clientes, precisamos ouvi-los em primeiro lugar. Mas ouvi-los com empatia e partindo-se do princípio de que eles têm "alguma razão". Se tenho essa premissa vou buscar entender e compreender o seu ponto de vista, entender o que ele quer dizer, seus motivos de insatisfação e até suas sugestões. É claro que uma análise mais depurada pode demonstrar que não houve uma falha deliberada de nossa parte, mas o cliente merece o respeito de ser comunicado de forma adequada (não ser taxado de verdadeiro culpado), sempre numa atitude de servir.

Mas, na maioria das vezes, um cliente insatisfeito tem alguma razão. E ao invés de perdê-lo, se o ouvirmos, se entendermos o que lhe aconteceu, temos uma excelente oportunidade de fazer uma bela mudança, de um quase ex-cliente para um cliente orgulhoso do tratamento recebido e predisposto a seguir confiando na nossa marca.

Mas para isso a empresa tem de ter humildade. Humildade institucional e que esteja internalizada na sua liderança e toda a equipe. Por que temos tanta insatisfação com fornecedores públicos e privados, das mais variadas organizações, e reclamamos tão pouco formalmente? Não é só pelo tempo escasso. É por sabermos que seremos atendidos com a condição de "provarmos" que estamos certos. Seremos recebidos com desconfiança e até com certo cinismo. O que fazemos? Geralmente deixamos de ser clientes e obviamente comentamos com nossos amigos, familiares e colegas de trabalho.

Quem perde mais nessas situações? Todos perdem. Por falta de opção, muitas vezes, não trocamos de fornecedor, mas compramos de forma triste e sob um protesto íntimo. Mas quem age assim conosco perde mais. Perde o cliente, a única razão para uma empresa existir. E quanto ao cliente, na primeira oportunidade deixará de ser cliente.

Quando ouvimos as insatisfações dos nossos clientes, temos uma chance de reavaliar nossa estratégia, racionalizar nossos processos e oxigenar a nossa cultura organizacional.

Quando não o fazemos, estamos atestando nossa falta de humildade, nossa imaturidade empresarial e nossa falta de capacidade de melhorar continuamente nossos produtos e nossos serviços.

Toda reclamação ou insatisfação de cliente é a mais forte oportunidade de fidelização dos nossos clientes. Tratar isso com omissão, defesa ou inversão de papéis é, no mínimo, uma tolice organizacional.

• QUARTA PARTE •

Líder de Si Mesmo

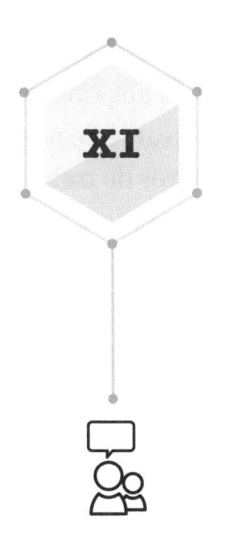

XI Somos seres em constante evolução

A coragem de renovar

A palavra renovação, ao primeiro contato, nos traz bons sentimentos. Quando pensamos em renovação buscamos a essência da palavra que traz o conceito do novo, do mudar para melhor. Há uma linda música dos cantores amazonenses Candinho & Inês que traduz realmente a essência da palavra "renovação", mas entre ter um sentimento positivo sobre renovação e ter a coragem de realmente renovar, há uma distância que nem sempre conseguimos transpor. Renovar, além de trazer o novo, quase sempre traz implícita a necessidade de deixar o "velho". Renovar significa mudar e isso exige a decisão de fazer escolhas. E fazer opções nos traz a necessidade de renúncia e isso é doloroso.

Vamos ao mais banal dos exemplos: renovar nossas roupas e utensílios. Ao adquirirmos roupas novas normalmente deveríamos nos desfazer das velhas. E o que fazemos de fato? Entulhamos roupas, panelas, cadernos velhos, celulares antigos etc. Por quê? Porque dói nos separarmos dos objetivos velhos.

Se nesse exemplo prosaico nós reconhecemos termos dificuldades de nos livrarmos de materiais que nada mais nos valem, que dirá de abandonarmos hábitos, maneiras de pensar, e de nos separarmos de pessoas, sejam amigos ou companheiros de trabalho! O som do verbo renovar ressoa em nós com esperança, mas conjugá-lo, na prática, exige muita coragem.

Trabalhamos com empresas há quase três décadas como consultores. Sabemos que, muitas vezes, a solução de problemas que hoje parecem impossíveis de serem resolvidos passa por renovação. Muitas vezes, é necessário renovar a estratégia; outras tantas, a necessidade é de mudanças em processos. Na maioria das vezes, significa também a necessidade de renovar ideias, maneiras de pensar e de agir. E como as pessoas possuem uma enorme dificuldade de renovar sua mente, as empresas precisam renovar o seu quadro, trazendo pessoas com uma nova forma de pensar. Mas também as empresas "entulham" pessoas que já não servem aos seus propósitos e valores, por falta de coragem. Estratégias que um dia foram úteis e que hoje sangram a rentabilidade das empresas vão sendo mantidas. Processos burocráticos, arcaicos, vão sendo arrastados nas organizações, gerando prejuízos, altos custos e clientes insatisfeitos. Pessoas que um dia foram profissionais apaixonados e hoje vegetam nas empresas vão sendo mantidas por chefes covardes e empresários sem coragem. O resultado é perda da lucratividade e do mercado. Dia após dia vamos vendo grupos diminuindo, sendo comprados a preços módicos ou, o pior, quebrando. Na raiz está a falta de renovação, de mudar o que deve ser mudado com coragem destemida.

No plano pessoal o mesmo acontece. Pessoas obesas fazendo dietas "da hora", tentando milagres quando a matemática e a química reinam absolutas. Elas fingem a si mesmas que querem se renovar, na verdade gostariam dos benefícios da renovação, mas não de passar pelo processo difícil de escolhas e renúncias. Há profissionais que têm excelentes virtudes que realmente agregam valor para as organizações que trabalham, mas que, como todos nós, trazem junto de si erros e vícios de comportamentos que os atrapalham a dar toda a sua potencialidade. Infelizmente têm pouca disciplina para renovar as suas atitudes ou, o pior, se fecham para nem reconhecer que precisam de mudanças na sua forma de pensar e agir. Trocam a humildade pelo orgulho e perdem uma excelente oportunidade de crescer com conselhos e exemplos dos seus líderes e colegas de trabalho.

Outras pessoas todos os dias acordam com uma visão de futuro que abrange até o jantar. Pensam apenas no hoje e nas necessidades primitivas: comer, dormir e sexo. Esquecem-se de que o futuro somos nós quem fazemos e que se não morrermos jovens, vamos encontrá-lo de forma inevitável. E nesse modo de viver vão abandonando família, filhos, amigos, pais, empregos, cidades... Preocupados apenas com a satisfação dos seus desejos primários. E o futuro chegará. E, para sua decepção e tristeza, verão que abandonaram muito mais do que a chance de ser feliz, deixaram seu caráter e a sua própria identidade.

Renovar é preciso. Precisamos aprender com a natureza, que se renova o tempo todo. A mesma tempestade que, em muitos casos, traz a destruição e a morte traz também limpeza, purificação, renovação dos rios e do ar, assim, ao aceitamos o desafio de renovarmos, sabemos que teremos de fazer escolhas difíceis, renunciaremos a coisas e pessoas que nos fizeram muito bem até agora, de modos de pensar que nos trouxeram até aqui, mas sabemos que, ao fazermos isso, estamos também nos abrindo para novas possibilidades e para uma nova chance.

Renove! Renove a sua forma de pensar. Renove a sua forma de agir. Renove a sua saúde física, mental, emocional e espiritual.

Renove os processos que trabalha. Renove a sua empresa. Renove seus relacionamentos. Renove a sua forma de dar e receber amor. Renove o seu espelho.

Acreditando no equilíbrio

A velocidade é cada vez maior no que diz respeito aos avanços da ciência, da tecnologia, da informação e do conhecimento, causando-nos grande influência, o que nos deixa muito agitados e ansiosos. Somos obrigados a alcançar essa velocidade, porque ela está muito presente nas mudanças deste novo século. Tudo isso faz com que nos esqueçamos ou nos enganemos a respeito daquilo que verdadeiramente nos importa. E o que realmente nos importa? A resposta é única e depende de nossas crenças, da fé que professamos (e se professamos) e de nossos valores. Mesmo que de forma inconsciente, todos nós temos nossos valores, logo, se não priorizarmos o que mais nos importa, corremos o sério risco de "sobreviver", mas não viver!

É óbvio que existe um mundo real e que exige que paguemos nossas contas, em que muitas vezes o quanto recebemos se confunde com quanto valemos. Não estamos aqui sendo utópicos no sentido de defender que devemos ir atrás do que nos importa e deixar de lado o mundo real. Não. O que defendo é a harmonia, no sentido de fazer da nossa vida um caminho coerente, pois temos apenas um mundo, que nos proporciona equilíbrio em todos os aspectos de nossa vida, para a busca da paz e da felicidade.

Precisamos, assim, estar sempre "lembrando" dos nossos mais verdadeiros sonhos, objetivos e valores, fazendo com que eles sejam a verdadeira inspiração de nossas vidas. Isso vai do curso que queremos fazer àquilo em que queremos investir ou em como queremos construir a nossa vida, enfim, refiro-me a tudo que nos faz acordar e caminhar sempre em frente. Se não fizermos esse exercício diário conosco mesmos, mais tarde poderemos sentir uma profunda tristeza por não termos escolhido o que realmente queríamos para nós.

Converso com jovens profissionais que estão se formando ou já se formaram. Quando indagados por que escolheram determinada profissão, ainda fico assustado com as respostas: "Meu pai quis"; "Os profissionais estão muito procurados nessa área"; "Vai dar mais dinheiro" etc. Isso era para ser discurso do passado, de vinte ou trinta anos atrás, não agora, na era do conhecimento. O trabalho faz parte de nossa vida, de forma vital. Não há pessoa que se considere realizada como ser humano sem que o trabalho seja parte integrante desse sucesso. Na prática, vamos passar a maior parte da nossa vida adulta trabalhando. Como, então, abdicar de fazer algo de que gostamos para fazer algo que pode nos dar dinheiro? Essa escolha é decisiva para o fracasso ou o sucesso.

Há pessoas que querem viver bem com a família, querem ter mais tempo para os filhos, pais, irmãos, esposa, esposo, amigos etc., mas, ao mesmo tempo, não cessam de empreender novos negócios, implementar novas ideias, iniciar novos aprendizados, praticar novos hobbies, enfim, vão cada dia dispondo de menos tempo para estar com quem realmente lhes transmite os valores essenciais de sua vida. Isso é uma enorme incoerência.

Podemos dizer, então, que todos nós somos incoerentes? Sim, salvo algumas exceções, temos esse desequilíbrio em nossas vidas, mas isso não é muito "transparente". Essa situação, aos poucos, se instala, e quando nos damos conta, lá estamos: frustrados, infelizes e tristes.

Há um exemplo bem forte em consultoria. Se você esquentar uma água e jogar um sapo quando ela estiver fervendo, ele pula!

Mas se você colocar o sapo na água quando ela ainda estiver fria, essa água, no fogo, vai esquentando, esquentando, de modo que ele não percebe e morre cozido. Assim vamos fazendo conosco: mergulhando em um enorme ativismo e quando nos damos conta um enfarto ou algo parecido nos encontra numa esquina!

Proponho uma questão: pense em um amigo de quem você gosta muito e há tempos não vê. Mas deve ser alguém a quem você realmente tem o verdadeiro amor fraternal. Imagine que hoje ele liga para você e diz que estará disponível e te convida para almoçar. O que normalmente fazemos? Verificaremos se realmente vamos poder, se o compromisso previamente agendado pode ser desmarcado etc. Se conseguirmos, iremos ao seu encontro, mas em boa parte das vezes vamos nos desculpar (afinal ele ligou em cima da hora!) e deixar para outra ocasião. Pense agora que seu telefone tocou, agora pela manhã, seu amigo já não está neste plano. O que fazemos nessa situação? Largamos todos os compromissos e vamos chorar, tristes, durante todo o dia, nos despedindo do nosso amigo. Sinto-me um verdadeiro "sapo" diante dessa situação, mas acredito que podemos ter uma vida equilibrada, para podermos estar bem como seres humanos, respondendo às responsabilidades que temos como pais, filhos, amigos, esposos, profissionais, vivendo em verdadeira plenitude o lindo milagre que recebemos de Deus. Apenas precisamos parar, pensar e replanejar nosso modo de viver, nos valorizando e valorizando a vida que temos.

Educação: responsabilidade de quem?

Hoje a educação é uma bandeira quase unânime no Brasil. Toda a sociedade, desde políticos, celebridades, autoridades e cidadãos concordam que a "saída" dos problemas é pela educação. Recordo-me, em meu primeiro semestre na universidade (1984), de analisar um texto do antropólogo Darcy Ribeiro, chamado "Sobre o Óbvio", onde ele falava da estratégia da falta de educação. Com brilhante ironia, ele fazia previsão de quando receberíamos turistas para assistirem a "paradas de analfabetos", pois o Brasil seria ainda um dos poucos países a ter esse quadro. As coisas melhoraram nos últimos 30 anos, embora ainda tenhamos aproximadamente 11 milhões de analfabetos.

Mas o que chama a atenção é o "lugar comum" desse discurso. Todos falam como se o processo se resumisse à educação formal, escolar, dever e responsabilidade do Estado segundo a Constituição da República, mas apesar do importante e fundamental papel da escola e dos professores, será na sala de aula que formaremos o caráter do cidadão? Acredito que temos de aprofundar a discussão sobre a educação. Maravilhoso que hoje todos marchem juntos na ideia de que se não fizermos uma radical mudança na educação do Brasil não seremos a 5ª. potência mundial em 2025 e, pior, podemos descer um pouco nessa escala. Mas temos de discutir todos os papéis desse processo e ele se inicia no "berço", como diziam nossos avós e pais.

Como pais temos, a meu ver, três responsabilidades principais: prover educação formal, educar moralmente nossos filhos e prepará-los para viverem de forma digna e independente. Se não conseguirmos atender a qualquer desses compromissos de alguma forma nos sentiremos frustrados e não poderemos dizer que tivemos pleno sucesso como pais.

Mesmo na educação formal, que é dever do Estado, temos nosso papel, sim! Temos que acompanhar nossos filhos para garantir que o seu rendimento seja bom e que ele aprenda a gostar de estudar e de ler. São hábitos que gerarão enorme vantagem competitiva no ambiente de trabalho em um mundo que exige cada vez mais conhecimento e sabedoria. Quem não gosta de estudar e de ler fica obsoleto mais rápido. A Coreia do Sul fez uma enorme revolução na educação e em seu método de sucesso se aplica um "segundo tempo" diário de estudo dos alunos junto com seus pais. Sim, tempo de estudo diário. Não estamos falando de ajudar nas tarefas. Estamos falando de revisão diária do aprendizado e preparo para as lições seguintes. E antes que digamos que nos falta tempo, os coreanos trabalham tanto ou mais que nós, brasileiros, e depois assumem a sua segunda jornada com os filhos.

Na educação moral temos falhado muito como pais no Brasil. Não estamos nos esforçando e importando em passar lições e um legado de caráter, ética, integridade e moral. Só podemos formar um cidadão correto, probo e justo se dispusermos de tempo para isso. Temos de ter conversas e discussões com nossos filhos que reforcem esses conceitos no seu íntimo. Temos de "vender" mais do que nunca a ideia de que vale a pena ser honesto. Os exemplos do contrário são diversos, volumosos e, o pior, cada vez mais cotidianos. Mensalões, malas de dinheiro, fraudes, dinheiro em meias e cuecas, e sempre uma autoridade para dizer que não sabia de nada. Tente explicar a uma criança de 10 anos ou a um adolescente por que no Brasil tudo isso acontece e no final ninguém vai preso. E em meio a essa lama de falta de ética e de desrespeito ao dinheiro público, temos de assumir o dever de repassar aos nossos filhos um legado de caráter e de honestidade. Sem isso, corremos o risco de sofrermos a decepção de vê-los em um noticiário tapando a mão com o rosto ao invés de nos aguardar um justo orgulho no futuro por um filho realizado.

E temos que preparar nossos filhos para a vida! Temos que ensiná-los que sem disciplina e responsabilidade ninguém é dono do seu caminho. A premissa que nossos filhos não precisam passar pelas mesmas dificuldades que passamos, além de ridícula, é muito nefasta. Prejudica-os, prejudica-nos e dilacera toda a sociedade com a formação de adultos imaturos e irresponsáveis. Com a melhor intenção de demonstrar afeto, damos boas roupas, compramos presentes, os levamos para passeios, jantares e shows e ainda comemoramos a passagem de ano com uma viagem à Disney ou à Europa. Até aí, dependendo do comportamento, podem até merecer, mas o que fazemos para que tenham responsabilidade e comprometimento com a família e a casa onde moram?

A educadora Tânia Zagury diz, em um dos seus livros, que estamos "alongando" a adolescência, levando-a até 23, 25, 28 anos. Ao invés de preparar nossos filhos para a independência econômica, psicológica e emocional, os mantemos como adolescentes que ser tornaram adultos imaturos e inseguros. Com 19 anos, eu supervisionava uma equipe de mais de 20 pessoas em um banco. Com 24 anos, gerenciava uma equipe de quase 200 pessoas numa fábrica e, com 27 anos ,cheguei a liderar 1.200 pessoas numa fábrica que trabalhava 24 horas em 365 dias no ano. E hoje é comum falarmos de um sobrinho ou um filho como "um menino de 25 anos". Recordo-me de um programa de TV onde um senador, ao ser indagado sobre o comportamento completamente inadequado do seu filho em uma cidade de outro estado, respondeu ao jornalista que se tratava de um "garoto de vinte e poucos anos". Interessante que meses antes o mesmo "garoto" foi candidato à prefeitura.

Que Deus nos abençoe para que o tema educação nunca mais saia da pauta da sociedade no Brasil, seja em eleição para presidente, diretor de escola ou síndico, mas que tenhamos a seriedade, compreensão, inteligência e coragem de discutir todos os papéis numa educação melhor, a começar pelo nosso, de pais.

Crescer é responsabilidade nossa!

Temos em nosso país uma enorme desigualdade social. A distância entre o topo e a base da pirâmide é um verdadeiro escândalo, considerando todas as virtudes naturais que o Criador nos confiou.

As razões para essa desigualdade são inúmeras. Dentre elas, considero muito oportuna a que o professor e senador Darcy Ribeiro, que já nos deixou, apontou em seus estudos: que a classe dominante brasileira é a mais inteligente e eficaz do mundo. Ela soube como nenhuma outra permanecer no poder, independentemente de todas as mudanças políticas e econômicas havidas ao longo dos séculos após o descobrimento.

E o professor Darcy demonstrava com números como, diferentemente de outros países, no Brasil, boa parte de quem estava no topo da pirâmide em 1990 eram exatamente as mesmas famílias que estavam no topo em 1600, ou seja, a mobilidade entre classes sociais, notadamente entre os mais ricos, foi quase que nenhuma. Podemos nos perguntar: e os nossos "heróis" do capitalismo, como o Sílvio Santos, que era camelô e virou um megaempresário bilionário? Não nos enganemos: Sílvio Santos é uma exceção. A regra é diferente. Dentre os mais ricos do Brasil, boa parte é composta pelos que sempre foram ricos.

Então é "pecado" ser rico? De forma alguma, ao contrário, todos têm o direito de querer melhorar suas vidas ao ponto que se sintam seguros e confortáveis. O tamanho desse sonho é de cada um e não é igual para todos. Cada um de nós tem as suas aspirações e valores que nos movem rumo à felicidade e não podemos desistir nunca de buscá-la.

O que queremos abordar é, diante das inúmeras causas da desigualdade social brasileira, o aspecto de quanto a educação (e a falta dela) familiar e escolar contribui para chegarmos à situação atual.

Quando crianças, escutamos várias histórias nos livros do ensino fundamental (antigo jardim da infância e pré-escolar) em que o sujeito certo era sempre o pobre, e o rico, taxado de prepotente e cruel. Quem não se lembra dessas histórias? Vou lembrar uma que, de alguma forma, todos já devem ter ouvido:

"Havia um reino muito próspero, rico e feliz, onde morava um rei muito poderoso, também muito rico e adorado, porém esse rei sofria de um mal enorme: era muito triste. De nada adiantavam toda a sua riqueza, as coisas belas do reino, os filhos lindos que tinha. Ele sempre estava melancólico e triste. Todos os bobos da corte tentavam dar-lhe alegria, porém tudo em vão. Uma vez convocaram todos os sábios do reino para que ajudassem o querido rei. E um dos sábios, muito respeitado, disse que o rei sofria de uma maldição e que, para ser feliz novamente, deveria vestir a camisa do homem mais feliz do reino. Todos então passaram a procurar este que seria o salvador do rei. E quando foi encontrado o homem mais feliz do reino, uma grande surpresa: ele era tão pobre que não tinha sequer camisa!"

O poder de uma história como essa em nossa cabeça de criança é, de fato, muito forte. Ela, de imediato, nos leva a pensar que o melhor é ser pobre. De nada serve ser rico e tão triste!

Nossa formação religiosa intensifica esse conceito. Na interpretação das Igrejas Católica e Luterana, das analogias que Cristo fazia tentando se comunicar com o povo despreparado daquela época, o rico sempre é mostrado como um desalmado, cruel e usurpador dos pobres. E estes são sempre os privilegiados, pois a eles pertence o "reino dos céus!" Qualquer cristão com um mínimo de discernimento sabe que, quando se referiu a um camelo (lembram-se: mais fácil um camelo passar pelo buraco de uma agulha que um rico entrar no reino dos céus!), falava-se de um artefato daquela época, um tipo de corda (portanto, comparava-se a uma linha), e não um animal, porém isso é muito marcante em nossa cabeça de criança e novamente pensamos: "Que terrível buscar a riqueza!"

E o que acontece quando temos esse paradigma de que ser rico é errado, é pecado, e, pior, não traz nenhuma felicidade? Deixamos de querer melhorar. Perdemos a nossa ambição, a nossa vontade de crescer e evoluir. E voltando ao sublime peregrino, nos esquecemos da linda e maravilhosa parábola dos talentos, na qual Cristo diz que não podemos deixar atrofiar os talentos que recebemos, temos de buscar evoluir e multiplicar nossos talentos!

Sabemos que é realmente mais fácil nos perdermos moralmente na riqueza. E não estou falando de ilegalidade, mas de imoralidade. Enquanto ricos, as possibilidades de praticarmos o que é condenável são maiores. Temos a chance de sermos prepotentes, orgulhosos, desonestos, gananciosos, enfim, temos também uma grande chance de, apesar de ricos, sermos realmente infelizes interiormente, como a doutrina que nos impuseram.

Mas podemos ser ricos e fazer de nossa condição uma dádiva para nós, para a nossa família, para o próximo e para o nosso país, utilizando o que temos para trazer desenvolvimento e crescimento para todos que nos rodeiam, baseando-nos nos mesmos princípios morais do cristianismo e de todas as religiões, que são a honestidade, a caridade e o amor.

Precisamos, com a máxima urgência, despertar no povo brasileiro o desejo de crescer, de evoluir, de melhorar de vida, de fazer deste país o país do presente e não eternamente o país do futuro.

Sabemos que a todo instante a falácia que nos foi impregnada se reforça nas atitudes ora desonestas dos nossos ricos, ora imorais, ora fúteis, mas precisamos nos conscientizar de que o mais imoral é termos mais de 30 milhões vivendo abaixo da linha de pobreza e outros mais de 100 milhões sobrevivendo com um mínimo de condições! Isso não pode ser colocado debaixo do tapete sempre, com as nossas festas de Carnaval, boi-bumbá, copa do mundo etc.

Sabemos de todas as dificuldades de acesso de nosso país. Dos enormes preconceitos que tanto causam mal a nosso povo. Sabemos da enorme dificuldade de conciliar estudo e trabalho para a maioria de nossos jovens e adultos, pelo sistema educacional totalmente (ainda) elitista e que privilegia apenas os ricos e a classe média. Tudo isso é verdade e não queremos aqui ser simplistas a ponto de afirmar que tudo mudará quando mudarmos nosso comportamento.

Mas, sem medo de errar, todas as políticas públicas e iniciativas privadas só terão sucesso no que diz respeito à redução da desigualdade social do Brasil quando cada um de nós, brasileiros, acreditarmos que fomos feitos para o sucesso e que buscar a evolução de nossa qualidade de vida é mais que um direito, é um dever. Precisamos ter orgulho (positivo, sem prepotência) de nossas conquistas, de nosso crescimento, dos objetivos atingidos e precisamos também ser responsáveis por isso, portanto é necessário o engajamento na utilização de nossas conquistas, para auxiliar a todos os que têm menos, para que eles também possam buscar a evolução de sua própria vida.

XII Os frutos do nosso trabalho

Dia do Trabalho

Comemoramos mundialmente o Dia do Trabalho, momento oportuno para refletirmos sobre o trabalho e sua importância nas nossas vidas e na sociedade.

Interessante como a palavra trabalho desperta em nós tantas leituras diferentes. Para muitos (eu me incluo), o significado é o de produzir algo, transformar, evoluir, dignificar a renda, gerar riqueza, melhorar a vida das pessoas. Para outros, trabalho é uma penalização, uma obrigação, um castigo.

Todos nós passamos a maior parte das nossas vidas trabalhando. Se tivermos uma visão negativa do trabalho, estamos inexoravelmente condenados à infelicidade. A meu ver, existem várias razões para isso. Algumas antropológicas, como a escravidão, outras sociais e até linguísticas.

Aqueles que cresceram educados dentro de uma religião cristã receberam desde cedo o maravilhoso ensinamento criacionista, de que Deus criou Adão e Eva e lhes deu o paraíso. Como eles pecaram, comendo a maçã, um dos frutos proibidos, "tiveram de trabalhar" para se sustentar, ou seja, foram "castigados" com o trabalho. Dá para imaginar o impacto disso na educação da criança. Claro que, ao nos tornarmos adultos, nos aproximamos mais do bom senso e entendemos as linguagens figuradas dos livros religiosos, mas, lá no inconsciente, temos uma pequena memória a nos lembrar que fomos "obrigados" a trabalhar.

E parece que nós, brasileiros, temos uma forte tendência a nos concentrar no trabalho como algo imposto. Mega-Sena acumulada, multidões se acotovelando para fazer suas apostas e invariavelmente o sonho daqueles que gostariam de ganhar é "parar de trabalhar". Vejam-se as entrevistas que acontecem na véspera de sorteio da Mega-Sena acumulada. Infelizmente, as respostas são nesse sentido.

Em casa, quantas vezes chegamos cansados, exaustos por um dia cheio e quando nossos filhos querem um afago ou fazer uma brincadeira, respondemos: "Trabalhei muito, vamos deixar para outro dia." Ou somos convidados pelos filhos, que ainda não compreendem o conceito de folga, trabalho, férias, para fazermos algum passeio e respondemos: "Papai 'tem' que trabalhar." A mensagem é clara nas duas situações: trabalho é uma obrigação, algo ruim que atrapalha quando queremos estar juntos.

Frase de para-choque de caminhão: "Quem inventou o trabalho não tinha o que fazer." E há outras mais. Com tantas mensagens negativas sendo transmitidas às crianças, como queremos que nossos filhos enxerguem o trabalho como algo valoroso? Fica difícil.

Sempre estaremos em crise econômica. Quem perde o emprego nesse momento levará um tempo enorme até se recolocar e, geralmente, tendo conseguido um emprego, será em padrões de rendimentos inferiores ao que vinha recebendo anteriormente. Será que para quem está desempregado o trabalho também é um castigo ou será uma verdadeira bênção?

Interessante a denominação "dia útil" para um dia de trabalho, ou seja, um dia para construir, inventar, vender, modificar, ensinar, salvar, criar, enfim, ser útil para si mesmo, para o próximo e para a sociedade.

No ideograma chinês o trabalho é uma enxada. Simples e profundo. Diferenciamo-nos dos animais não somente pela capacidade de raciocinar e tomar decisões, mas também por trabalhar e transformar a natureza em nosso benefício.

Reflitamos na nossa responsabilidade. Na responsabilidade de valorizarmos o emprego, de educarmos corretamente os nossos filhos, no significado real do trabalho, de agir incansavelmente na busca pela geração de novas oportunidades para que as pessoas dignifiquem sua vida com o trabalho.

O trabalho dignifica o homem. A esmola, seja dada na esquina ou institucionalizada em um "bolsa" qualquer, humilha e priva do crescimento.

Fazer com qualidade é cidadania

Já comentei como desde cedo vamos sendo educados para não querermos crescer. Seja na família, na religião, na escola, vamos, enfim, gerando um "medo" do sucesso.

Gostaria, hoje, de abordar outro lado do crescimento profissional e pessoal. A falta de qualidade em tudo aquilo que fazemos e, o pior, a normalização dessa enorme falha de comportamento e atitude.

Há pelo menos duas décadas, o mundo e especialmente o Brasil, na última, vêm se utilizando de vários conceitos de qualidade (TQC, TQM, ISO 9000, 5 S etc.), em busca de melhores resultados para empresas, instituições e até países.

Mas quanto mais trabalhamos com projetos de qualidade (e eles são fundamentais para a melhoria da produtividade) mais fica claro o papel dos educadores infantis nesse processo, sejam os pais, sejam os professores.

Ensinamos aos nossos filhos vários valores em que acreditamos: honestidade, integridade, ética etc. Excelente. Se realmente ensinarmos esses valores, vamos fazer das próximas gerações cidadãos melhores. Mas isso basta para que eles também tenham sucesso? Duvido muito. Com certeza, valores morais e éticos são componentes do sucesso, mas precisam de um forte empurrão de outros predicados não menos importantes.

É necessário passar para nossos filhos e nossas crianças que sucesso também é cidadania, pois só com o crescimento de todos podemos fazer deste país o país do presente e não eternamente do futuro. E para ter sucesso, são necessários atributos importantíssimos, tais como qualidade (fazer o melhor possível, sempre), iniciativa, dinamismo, agilidade, comunicação e disciplina. Todas as pessoas que, de alguma forma, alcançam o sucesso em sua atividade e em sua vida têm em sua personalidade e em seu comportamento ingredientes desses atributos tão importantes. Se isso não for passado na infância e na adolescência, fica muito difícil (mas não impossível) ser internalizado na fase adulta.

Como as pessoas se conformam em fazer tudo mais ou menos! É incrível — e lastimável — que nos contentemos em não dar o melhor de nós. Temos preguiça mental de nos esforçarmos ao máximo numa atividade, tarefa ou objetivo. Achamos que os outros também são assim, o que por si já é motivo de nos nivelarmos por baixo.

As pessoas até querem sucesso. Elas querem uma ótima casa, um lindo carro, viagens, bons restaurantes, férias anuais em paraísos tropicais etc., mas o que, de fato, fazem para alcançar esses objetivos? O que mais se nota é profissionais que delegam toda a responsabilidade do próprio desenvolvimento somente à empresa e "esquecem" eles próprios de investirem em si mesmos. Querem ser excelentes advogados e ganhar fortunas por poucas horas de trabalho, mas se esquecem de que os que hoje estão em tais condições passaram dias, meses, estudando horas a fio, em finais de semana, madrugadas, enquanto a maioria se divertia ou simplesmente dormia.

Hoje falamos a todo instante em compatibilizar trabalho e qualidade de vida. Ótima e oportuna discussão, mas, para termos qualidade de vida, precisamos (ou devemos) trabalhar menos? E como se consegue o contrário, alta qualidade de vida e menos trabalho? Se alguém tiver o resultado positivo dessa equação (sem que sejam negócios ilegais e imorais, como tráfico), por favor, trate-o como um segredo de alquimista, pois é um felizardo e tem o melhor produto do mundo em suas mãos! Fui irônico? Não, o tema e o objetivo é que o são: trabalhar menos e ganhar mais! Mas será que é assim que vamos obter sucesso?

Com certeza, não. Teremos mais chances quando deixarmos a mediocridade de lado e buscarmos, sempre, fazer o melhor que podemos, mesmo nas menores e insignificantes coisas. Como queremos estar no topo da pirâmide social se não nos esforçamos? Isso é incoerência. O comportamento de quem quer vencer deve ser de iniciativa, persistência em seus objetivos, força e motivação para o trabalho e muita disciplina para manter a prioridade em alcançar sua visão de futuro.

Seja no atendimento a uma ligação telefônica, seja numa consulta médica, na elaboração de uma carta, na construção de um edifício ou de uma parede, não importa. Realmente importante é querer fazer o melhor e dar-se totalmente àquilo que estiver fazendo, buscando a satisfação pura e simples do fazer com qualidade. A consequência desse comportamento será sempre uma enorme satisfação pessoal, o que o colocará muito próximo do sucesso profissional.

Não devemos considerar normal fazer tudo na "média". É preciso lembrar que, fazendo tudo na média, não teremos nenhuma chance de viver uma vida com qualidade acima da média. Não nos apequenemos nunca. Viemos a este mundo para aprendermos, nos elevarmos moralmente e evoluirmos.

Felicidade no trabalho é matemática!

Costumo dizer nas minhas palestras que as pessoas se acomodam muito facilmente a profissões e empregos que não lhes fazem felizes. Elas não planejam seu futuro (como já escrevemos em outras ocasiões) e, quando conseguem um primeiro emprego ou outro, pouco a pouco vão se moldando à armadilha de ficarem reféns de algo que não lhes faz bem.

E se você não faz o que gosta ou não gosta do que faz, tenha certeza de que matematicamente você é uma pessoa infeliz! Por que matematicamente? Vejamos, o dia tem 24 horas e você passa de 10 a 12 horas no seu trabalho. Nas 12 horas restantes você dorme pelo menos 6 horas, sobrando, portanto, apenas 6 horas para todo o "resto"!

É muito pouco para um ser humano ser minimamente feliz, nos seus finais de semana, como muita gente tem feito anos após anos.

Precisamos fazer o que gostamos e gostar do que fazemos. Se a empresa ou o setor não é lá essas coisas, cabe a nós tentarmos mudar, sobretudo mediante nossa postura proativa e mudança de nosso próprio comportamento.

Há pessoas que "delegam" a sua felicidade (ou infelicidade) para a empresa, para o governo, para o chefe, para os funcionários, para os colegas, para os professores, gerando um sentimento de autopiedade que só destrói a já corroída autoestima e propicia um acúmulo de frustrações e de fracassos.

Se quisermos ser felizes, precisamos ter prazer em trabalhar e não fazer um sacrifício diário. Precisamos, no final do dia, ter a sensação de que tudo foi bom, que contribuímos para o bem de alguém, com um sorriso, para uma empresa ser melhor, para uma cidade melhor, para um país melhor, para um planeta melhor e mais justo.

Vocês podem até me dizer: "Você não tem ideia da empresa em que trabalho" ou "Se você tivesse o chefe que tenho não me diria isso", mas afirmo, sem medo de errar, que todos nós temos nossos problemas ou que convivemos com pessoas difíceis. O importante a lembrar é que temos uma boa parcela de contribuição nisso tudo.

Então depende de quê? Depende fundamentalmente de:

- ☑ Fazer aquilo de que gostamos. Precisamos avaliar seriamente qual a nossa vocação profissional e lutar para segui-la, para assim estarmos mais próximos do sucesso. Numa oportunidade, prestamos consultoria a uma grande empresa industrial de Manaus que estava com sérios problemas na logística de suprimentos. Uma das causas a que chegamos para aquela situação era (e com concordância da empresa) que as pessoas da área tinham uma formação muito distante das atribuições da atividade de logística. Tínhamos estudante de medicina como analista de PCPM, físico como comprador de materiais, ou seja, as pessoas tentavam fazer o melhor, mas elas não conseguiam dar o melhor de si naquilo que não as tornava felizes.

- Gostar do que fazemos. Se ainda não fazemos aquilo que sonhamos, precisamos, então, dar valor e descobrir as vantagens em fazer o que estamos fazendo no presente. Não gostar do que fazemos talvez seja uma das causas de maus atendimentos a clientes, o que vivenciamos em lojas, hospitais, colégios, aeroportos etc. Parece que as pessoas nos culpam por estarem em um lugar que não é onde gostariam de estar e por isso nos atendem de forma totalmente inadequada, agindo como se não fossem profissionais e até se dirigindo a nós de forma grosseira. Quando tenho um atendimento que vai do razoável para bom, já viro um cliente fiel, tamanha falta de opção de bom atendimento. Isso é uma pena, pois o profissional infeliz se deprecia a cada dia e a cada contato, gerando mais frustração e jogando-a contra a sua empresa. Não tenha dúvida, mais cedo ou mais tarde, essa pessoa será mais uma estatística no crescente desemprego de nosso país.

- Ter uma postura interna proativa. Precisamos tratar todas as pessoas com as quais trabalhamos de forma interativa, amistosa, agradável e profissional. Não estou falando aqui de nos tornarmos amigos de todos com quem trabalhamos. Isso seria muito mais difícil e, dependendo do emprego e da empresa, totalmente utópico. Mas um comportamento leal, de franqueza, de postura profissional, todos podemos praticar. Isso depende apenas de nós. Não aceitar fofocas, intrigas, inveja é uma decisão nossa que, com toda a certeza, aos poucos, transformará a nossa empresa ou nosso setor de trabalho. Não me esqueço de uma oportunidade, em palestra para centenas de pessoas, um senhor me disse que o diretor da fábrica não lhe dava bom dia. Eu o provoquei, perguntando: "O senhor quer me dizer que o senhor lhe dá um bom dia e ele não responde?" E, para encurtar, o senhor nem olhava para o diretor, mas achava que deveria ser dele (do diretor) a iniciativa para um cumprimento! E, assim, vamos criando para nós mesmos um mundo de percepções distantes da realidade e que tanto prejudicam nosso dia a dia no trabalho.

- ☑ Buscar a empatia. É isso mesmo: colocar-se no lugar do outro. Como eu me sentiria se alguém me tratasse como eu trato as outras pessoas? É muito fácil explicar o que é empatia, mas praticar empatia talvez seja um dos comportamentos mais difíceis, pois sempre nos esquecemos dos outros e estamos em primeiro lugar para nós mesmos. O ego e o orgulho falam muito alto e deixamos escapar, muitas vezes, uma bela oportunidade de transformar nosso trabalho em algo que realmente valha a pena.

- ☑ Automotivação. Precisamos buscar sempre a nossa própria motivação. Seja pela remuneração, pela autorrealização, pelos princípios, pela visão de futuro, pelo valor dos acontecimentos, enfim, novamente não podemos delegar a outros a nossa própria motivação. Quando somos convidados a dar palestras sobre motivação, lembro a quem está nos contratando que nós não motivamos ninguém. Podemos e faremos o melhor possível para que a equipe reflita e as pessoas tomem a decisão de se automotivarem, pois os motivos podem ser externos, mas a decisão sempre será interna, assim, ao atendermos a um cliente, por que não nos esquecermos um pouco dos nossos problemas (e o cliente não tem nada a ver com eles) e procurarmos fazer da melhor maneira possível, pelo prazer de vê-lo feliz, contente, por ter recebido um atendimento condizente com a sua condição de cliente?!

Todas as boas práticas de administração, liderança, remuneração variável, estabelecimento de objetivos e metas são realmente muito importantes para que tenhamos um ambiente de trabalho adequado e que favoreça a motivação das pessoas.

A nossa parte, porém, é o fator mais importante nesse processo, pois se não estivermos conscientes de que não podemos abdicar do nosso trabalho como um tempo de crescimento e de felicidade, nos reduziremos a escravos desse trabalho, nos contentando com a migalha de "felicidade" de final de semana e feriados.

XIII Gerindo o agora

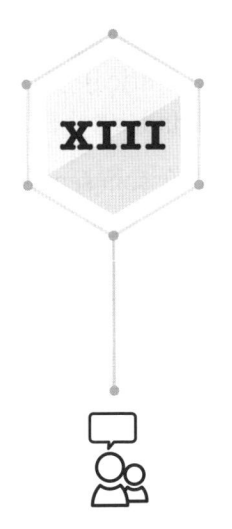

Gestão do tempo

O recurso mais precioso que existe é o tempo. Ele não se renova. Ele é esgotável. Não dá (apesar de insistirmos nisso) para nos enganarmos: estamos todos os dias caminhando para o finito. Isso nos obriga a buscar uma gestão eficaz do tempo.

Gostaria de apresentar algumas dicas quanto à gestão do tempo como profissional. Com disciplina, numa boa gestão, é possível utilizar o tempo com mais sabedoria e produtividade, o que também significa viver melhor.

(P) Planejamento: semanal

- ☑ Na segunda-feira, o mais tardar, faça uma lista de todas as suas pendências e assuntos a resolver.
- ☑ Avalie cada um dos assuntos quanto à prioridade.
- ☑ Para classificar as prioridades, pense em: gerará receita? Deixará o cliente satisfeito? Impactará em

custos (aumento ou redução)? Impactará em seus valores ou da empresa (em exemplo de prática)? Faz parte da razão das minhas responsabilidades?

- ☑ Após isso, elabore uma minuta da sua "bússola semanal" com as metas distribuídas em cada um de seus papéis (seu cargo, sua função em um projeto específico, membro do seu grupo religioso, filha, amiga etc.) e não se esqueça de "afinar o instrumento", ou seja, os cuidados com você mesmo (saúde, mente, físico, social).

- ☑ Depois revise novamente verificando se suas metas não estão excedendo em quantidade e em intensidade. Metas irreais (até em quantidade) nos desestimulam.

- ☑ Com uma avaliação realista, elabore finalmente a sua "bússola semanal" e a coloque na folha de início da semana do seu caderno de anotações.

- ☑ Com a sua bússola em mãos, use a agenda para programar os seus compromissos e reuniões. Não se esqueça de considerar os tempos para: deslocamento, "respirar", almoçar tranquilamente, responder aos e-mails, atividades sistemáticas etc.

- ☑ Revise novamente a sua agenda da semana, verificando se as atividades foram bem distribuídas. Se afirmativo, copie os compromissos em "lembretes" (agenda eletrônica ou até papéis em agenda de papel) para os casos da necessidade de lembrada alguma ação anterior.

- ☑ Ponto importante: não se esqueça de tratar com os seus clientes internos e externos sobre as "metas" que você decidiu preterir na semana. Isso gera confiança e credibilidade.

- ☑ Você deve levar cerca de sessenta minutos para cumprir esse processo. Esse tempo é puro INVESTIMENTO. Lembre-se do conceito de planejamento: pensar antes de executar.

(D) Execução: diário

- ☑ Procure executar suas ações, reuniões e compromissos com total "disciplina", "tenacidade" e "efetividade". Lembre-se de que é normal sentir o desejo de procrastinar, mas isso acaba sendo nocivo ao resultado e à nossa autoestima. Persevere!

- ☑ Coloque a opção de "visualizar" os e-mails na sua caixa de entrada/saída do seu correio eletrônico. Isso facilita a verificação da prioridade do assunto com rapidez.

- ☑ Tente ler o e-mail uma única vez. Leu, respondeu, arquive na pasta adequada. Se necessário, faça imediatamente a cópia do e-mail em lembrete, tarefa ou compromisso. Mas lembre-se: no momento e não depois.

- ☑ Caso não consiga ler, mas já saiba que o assunto é muito importante, coloque a opção "responder a todos" e salve no rascunho. Diariamente verifique a sua caixa de rascunho, o que permite lembrar do e-mail importante a ser respondido.

(C) Controle: diário

- ☑ Diariamente, no início do dia, tire pelo menos 30 minutos para avaliar o planejado x o executado do dia anterior.

- ☑ Retrate com seus clientes internos e externos os compromissos que não conseguiu cumprir.

- ☑ Reveja as prioridades. Seja realista. As prioridades mudam a cada dia e devem ser revistas e perseguidas.

- ☑ Reprograme em sua agenda todas as suas atividades: compromissos, reuniões, lembretes, tarefas, de acordo com as suas prioridades.

- ☑ Lembre-se de que você deve ter na sua agenda aquilo que é possível fazer. Não adianta se enganar e deixar de ser realista. A sensação de angústia e impotência é muito grande quando sabemos que "falta tempo". Mas, se formos realistas e assumirmos com os outros e conosco exatamente o que conseguiremos cumprir, isso se reverterá em grande investimento a longo prazo. O que gera desconforto gera também credibilidade.

- ☑ Reveja se não ficou para trás algum e-mail importante e o responda. Caso demande um tempo maior para a resposta, envie um primeiro ao destinatário se comprometendo com um prazo mais elástico. Copie imediatamente esse último e-mail em "compromisso" e no "lembrete", para se lembrar de cumprir a sua promessa.

Ação corretiva: semanal

- ☑ Antes da atividade do planejamento semanal (P), você deve fazer uma avaliação completa da semana, entre planejado x realizado. Com o resultado matemático (%) você terá a sua eficiência.

- ☑ Faça uma análise e procure identificar as causas reais que te levaram a não cumprir os compromissos que ficaram pendentes. Exemplos:

- erro no tempo destinado;
- falta de atenção;
- dispersão;
- procrastinação;
- não ter dito "não" quando deveria;
- preguiça;
- falta de disciplina;
- não cumprimento dos prazos pelos seus fornecedores internos e externos;
- não reprogramação das atividades (C).

☑ Elabore um pequeno "plano de ação" para o que você fará para corrigir os problemas e ser mais eficiente na sua gestão do tempo.

Algumas lembranças importantes

☑ Comportamentos podem ser mudados, se quisermos e se formos disciplinados.

☑ Se repetirmos novos hábitos, mesmo que nos sejam caros e difíceis, com o tempo (segundo os especialistas, entre sete e onze semanas) assumiremos e internalizaremos os NOVOS (e mais saudáveis) HÁBITOS!

☑ Busque, com todas as forças, a DISCIPLINA. Quando somos disciplinados, temos o controle da nossa vida.

☑ Cobre seus colaboradores, seus fornecedores e clientes, internos e externos. Se cobrarmos, é porque precisamos de uma informação e/ou insumo importante para o bom desenvolvimento de nosso trabalho. Quem não quer ser cobrado deve buscar execução e eficácia.

- ☑ Não se cobre demais, nem se culpe jamais. Assuma a responsabilidade e persiga a perfeição, sabendo que mesmo não a alcançando, estará sempre um passo mais perto.
- ☑ Procure sempre CUMPRIR o que ACORDOU.

Final de ano: hora de reflexão

Estamos já em dezembro! A sensação de que o ano passou muito depressa é de todos nós. Não é para menos. Sempre há mais revistas, artigos e livros para ler, treinamentos para fazer, projetos para realizar, atividades para cumprir, tarefas para executar e, no meio de toda essa pressão de desenvolvimento profissional, temos também de crescer como ser humano e nas relações pessoais. Muitas são as sensações tidas nesse momento. Boa parte das vezes tem algo a ver com certo sentimento de frustração por não termos feito tudo como gostaríamos. De toda a forma, seja para nos alegrar ou para nos entristecer, é fundamental refletir sobre tudo o que vivemos. Esse é um ótimo momento para isso.

Primeiramente, tínhamos algum planejamento para este ano? Elaboramos ou criamos algum objetivo e/ou meta para atingir durante ou no final deste ano? Sabíamos onde chegar ou simplesmente aceitamos o ritmo da maré? No caso de termos elaborado algum projeto, torna-se mais fácil avaliar o planejado, para verificar o que realmente atingimos e disso tentar tirar as lições de vida de que precisamos. Se, no entanto, não sabíamos direito para onde estávamos indo, a tarefa fica mais difícil, o que, no entanto, não dispensa uma avaliação.

O importante é parar, sejam horas, dias ou até semanas (parece utopia no tal mundo globalizado), para verificar o que foi realizado, apontar os sucessos e os insucessos deste ano, para assim realizar uma profunda reflexão e verificar o nosso comportamento diante de tudo isso. Trabalhamos no sentido de evoluir como ser humano e profissional ou apenas sobrevivemos a mais um ano? Tentamos fazer alguma diferença para a nossa equipe de trabalho, vizinhos, conhecidos, amigos e familiares? Podemos sentir mais orgulho de nós mesmos ou diminuímos nossa autoestima? Quais os progressos que realmente obtivemos? Foram gratuitos ou decorreram de um esforço adicional?

É preciso ter em mente a importância de seguir adiante, em contínua evolução. Como pessoas, precisamos reavaliar nossa forma de viver. Estamos realmente saboreando a vida, sentindo prazer em vivê-la, com todas as suas alegrias, apesar das dificuldades, ou apenas estamos ligados a um "piloto automático"? O nosso princípio básico deve ser a busca da felicidade e de elevação moral. Fundamental é ter as nossas atividades ligadas a esses objetivos para estarmos satisfeitos conosco mesmos.

Infelizmente, há pessoas que se esquecem desses objetivos básicos e acabam por estudar o que não gostam, trabalhar no que não lhes dá prazer, por se relacionar com pessoas que não possuem os mesmos valores que os delas, por morar onde não se sentem bem, por fazer o que os outros gostariam e não o que elas próprias gostariam. É como se estivessem em um enorme redemoinho, sem perceber. E quando se veem no espelho da vida, não entendem o que estão fazendo ali.

Como consultor, conheço vários profissionais que, apesar da excelente formação, boa experiência e habilidades atualizadas, não conseguem sucesso em seu trabalho. As razões, é claro, são variadas, mas um ponto é bastante comum: eles se esqueceram de fazer o que amam. No mundo altamente competitivo que vivemos, em que nos falta tempo para muita coisa, não podemos desistir de trabalharmos com paixão, sob o risco de ficarmos perdidos na pilha dos "comuns", portanto devemos incluir, em nossa avaliação, o nosso trabalho. Amo realmente o que faço? Gosto de me levantar todos os dias e ir trabalhar? Essas perguntas são importantes e para respondê-las é necessário ser sincero e franco. Fique claro, não devemos entender aqui amar o trabalho com ausência de problemas! Claro, as dificuldades são muitas em nossa vida profissional e há algo, invariavelmente, que gostaríamos de ver mudado nas nossas empresas e atividades. Lembremos novamente que temos como objetivo maior nossa contínua evolução, logo o fato de não estarmos totalmente satisfeitos com a situação atual não acarreta conflito com amar o que fazemos.

O importante é sermos agentes ativos do nosso presente e futuro. Se crescer é nosso objetivo, seja em qualidade de vida ou financeiramente, temos de nos planejar para isso e proceder com tenacidade e persistência. Precisamos fazer um balanço do ano que se vai e projetar o próximo: o que vou estudar, se vou fazer quais treinamentos, qual nova habilidade vou aprender, em quais leituras vou me concentrar, qual será o meu foco principal, enfim, precisamos traçar o nosso caminho e não apenas ser levados conforme os ventos!

Sem uma avaliação, a tendência será de continuidade de um ano que se foi. E o tempo passa, a vida também, e talvez não estejamos vivendo. Façamos o nosso dever de casa, verificando o que precisamos melhorar, o que não faremos mais, o que de novo aprenderemos, para assim sermos felizes, termos autoestima elevada e sermos reconhecidos pelo que somos capazes de fazer.

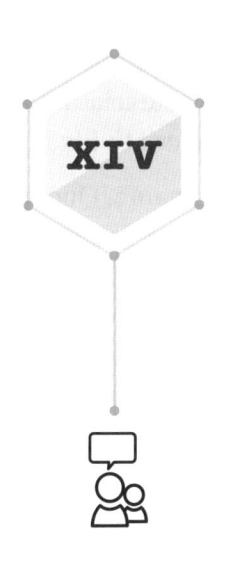

XIV Mentalidade de crescimento

Mudança: ameaça ou oportunidade?

Todos nós temos, normalmente, uma grande dificuldade em lidar com novas situações.

A mudança, geralmente, nos força a buscar, em nós mesmos, medos, receios, fraquezas que temos guardado e expressado através de uma maneira "reta" e pragmática de ver o mundo. E não fomos preparados para isso. Ao contrário, sempre tivemos certo orgulho de ter uma "visão formada" de uma ou outra situação.

Em uma discussão, seja no trabalho ou entre amigos, o objetivo é dobrar o outro e convencê-lo sobre o quanto o seu modo de ver está correto. Não há nada errado, em um processo de argumentação, buscar o outro para mostrar sua visão, porém quando colocamos isso como objetivo maior, perdemos a chance de flexibilizar nossas crenças e paradigmas e nos tornamos obsoletos.

É necessário pensar diferente. Precisamos aceitar que todas as novas situações podem nos trazer oportunidades, nem que seja de um enorme aprendizado. Tudo fica mais fácil quando, ao invés de resistir à mudança, tornamos a sua existência uma chance de fazer algo diferente, entusiasmante e com criatividade.

O mundo está mudando numa velocidade alucinante. Quem não se lembra do "mundo" empresarial sem celular, sem internet, sem sistemas informatizados? Com certeza, não sabemos mais como trabalhar sem essas ferramentas maravilhosas da tecnologia. Mas, se pensarmos um pouco, veremos que algumas dessas modernidades só estão conosco há alguns poucos anos. Isso deixa claro que, queiramos ou não, o mundo avançará em termos de tecnologia, relacionamento, gestão, responsabilidade social, e podemos ser um sujeito protagonista nesse processo ou apenas um mero coadjuvante, levado pelo sabor da maré.

E o que fazer? Primeiramente, nos reeducar para aceitar que a "única coisa permanente que há é a MUDANÇA", já dizia Heráclito. Já nascemos em contínua mutação, como a natureza, as relações, e vamos continuar a vivenciar esse processo altamente volátil.

Se a mudança sempre existirá, por que não ser inteligente o suficiente para deixar de resistir a novas ideias? Por que não fazer o contrário, buscar novas formas de fazer e ver o mundo? Precisamos ter coragem para fazer um reexame sobre o que sempre acreditamos como verdade e que está sendo questionado hoje, seja pela ciência e pesquisa, seja pela nova forma de se relacionar no mundo. Precisamos investir tempo em um processo de autoconhecimento. Conhecendo-nos, vamos saber lidar melhor com o que nos impede de criar, inovar, modernizar e crescer, como pessoa e profissional.

Todos os dias são publicados cerca de 7 mil artigos técnicos no mundo que, de alguma forma, provocam mudanças ou questionam um padrão atual de pensamento e da ciência. Como achar que isso não nos afeta? Como aceitar ficar à margem do futuro? Não, não podemos aceitar ficar fora da "festa".

Pensem em tudo à sua volta. Nas ideias que combate hoje, seja no seu trabalho, na sua casa, nos relacionamentos com a família e os amigos, na sua profissão, pense em tudo aquilo com que você não concorda. Avalie. Será que você está realmente certo? Será que você já fez um exame de tal questão, sem paixão? Desenvolva um processo de empatia. Coloque-se no lugar do outro. Será que o que ele está propondo não é tão (ou mais) sensato quanto à sua forma de ver?

Devemos ser mais tolerantes com outras pessoas, diante de outras formas de ver, de outras maneiras de pensar e de nos comportar. Não queremos que ninguém seja passivo, mas que se abra para "escutar" realmente o novo. Pode ser que, após conhecer todas as nuances da mudança, haja uma decisão de não a apoiar, mas agora será de uma forma consciente e madura e não uma resistência gratuita e pouco inteligente.

Por outro lado, quem abraça a mudança terá uma caminhada difícil, necessitará de fé, pois, muitas vezes, as chances de uma nova situação ainda não são muito claras e a pressão por se manter na situação antiga é enorme. As fileiras sobre a defesa da situação atual sempre serão populosas, porém são poucas as pessoas que acreditarão e defenderão uma mudança antes de suas consequências serem totalmente conhecidas.

Mas se conseguirmos ver o "novo" antes de este se tornar o novo padrão, teremos enormes oportunidades de desenvolvimento e de melhoria, no trabalho, no relacionamento com a nossa família e amigos, no campo espiritual e, sobretudo, conosco mesmos.

Quando assumirmos que nada sabemos e que aprendemos sempre, a todo o tempo, até o último momento, passaremos a ter uma visão mais humilde do mundo e seremos, sem a menor dúvida, pessoas melhores, bem resolvidas e com capacidade de viver uma vida com menos conflito e mais harmonia.

Há pessoas que sofrem e demonstram uma carga enorme de ansiedade diante desse amanhecer de novo século, em que ocorrem grandes mudanças em suas vidas.

Mas há outra forma de pensar. Somos espectadores, mas também somos agentes, por estarmos exatamente vivendo essa nova fase da humanidade. Devemos, pois, estar agradecidos por viver aqui. Ninguém nos contará. Contaremos aos outros aquilo que vivemos, aprendemos, que nos permitiu crescer e sobreviver.

Fazem parte da natureza do ser humano o desenvolvimento e a evolução. Cercear esse instinto é negar o próprio futuro da raça humana.

Possibilidades

A mudança é uma constante em todas as áreas do conhecimento. Todos os dias, paradigmas são alterados na medicina, engenharia, artes, gestão, economia, psicologia etc. Tudo muda. Há centenas de anos, Heráclito já nos lembrava dessa verdade. E é legítimo que mudanças gerem várias sensações e sentimentos que podem parecer contraditórios, mas que fazem parte de uma reação muito natural a esse processo.

E o ritmo das mudanças atualmente é de um nível que realmente nos provoca. E as mudanças são incontroláveis, incessantes e imprevisíveis. Elas não pararão porque eu ou você queremos. Não há como interrompê-las. Elas fazem parte da natureza. Tudo muda, o tempo todo, como diz o cantador.

Mudança tem a ver com inovação. Inovação é criar o novo. O novo significa algo que até então não existia. Mudança impacta em evolução. Evolução é inerente à natureza e ao nosso íntimo. Todas as espécies buscam evoluir. Com o ser humano não é diferente. Mas por que resistimos ao novo? Por que temos tantas reservas e excesso de receio de mudar nossos hábitos e premissas pessoais e profissionais? Não quero discorrer nesta crônica sobre os motivos que nos levam a enxergar com lupa as dificuldades do processo de mudança. Quero falar um pouco sobre as infinitas possibilidades que as mudanças nos trazem.

E são tantas as possibilidades! A tecnologia, com seus equipamentos, redes e sistemas, nos proporcionou um acesso à informação que antes não poderíamos imaginar. Hoje sabemos quase de forma instantânea tudo o que acontece no mundo, bastando estarmos conectados na grande rede. Não necessariamente precisamos ter um computador para isso. Podemos usar um telefone. Ou mesmo a TV da sala. Ou entrarmos em uma "lojinha" da esquina e alugarmos um acesso por um preço mínimo. A conexão que antes era de uma acessibilidade quase inatingível e com um preço alto, hoje está rapidamente se transformando em algo disponível e sem custo.

Na medicina, as mudanças são profundas. Um problema cardíaco que resultava numa cirurgia invasiva de risco, como uma ponte de safena, hoje se trata de um procedimento relativamente simples como a colocação de um *stent*. Doenças antes consideradas intratáveis estão sendo combatidas com processos de prevenção e de tratamento cada vez mais seguros, eficazes e de custo mais acessível. O resultado não é somente uma maior expectativa de vida, é a oportunidade de alcançar a longevidade com qualidade de vida. O nosso "tempo de validade" útil está se elevando, de fato.

Na economia, está cada vez mais claro e aceito que não somente as variáveis monetárias do mercado trarão entendimento e eficácia a previsões econômicas. A psicologia e a neurociência aprofundam nosso entendimento e compreensão sobre o comportamento humano nos ajudando a entender as atitudes que tomamos como consumidores. A visão da economia se alarga.

Na gestão, apesar de uma enorme quantidade de produção acadêmica e profissional, tem-se a sensação de que estamos, de tempos em tempos, apenas mudando de títulos de teorias de administração. É como se nos alimentássemos de "comida requentada". Todos os ótimos programas que visam aumentar a eficiência e a eficácia dos resultados empresariais e organizacionais parecem ter um DNA que nos leva ao passado, ao modelo industrial. Poucos pensam, muitos executam e ficamos todos torcendo para que dê certo ao final. Felizmente parece que algumas sementes de um novo modelo começam a surgir, como o conceito das "Organizações Caórdicas", que tem como criador o americano Dee Hock, que utilizou de suas premissas para ajudar na criação da VISA, maior empresa de varejo do mundo. De forma resumida, temos de ter um mínimo de "ordem" naquilo que é crucial e nuclear, para que haja poderes delegados para que as pessoas possam praticar um grande "caos" criativo.

Estamos falando da troca de um modelo de comando-controle (pura era industrial...) para um novo tipo de organização fundamentado em profissionalismo, confiança e responsabilidade. É uma mudança ousada da forma de pensar a gestão, onde as pessoas e suas inter-relações são a fonte de inovação, renovação e reinvenção de métodos de melhor fazer o trabalho e gerar mais riqueza para a sociedade.

O que assusta um pouco é ver como pessoas no auge da sua vida produtiva, e até jovens, estão se imobilizando em pensamentos e modelos mentais atrasados. Muitas vezes, não se dão a oportunidade nem de conhecer o novo, que dirá adotá-lo. E com isso acabam por deixar de criar o novo, de inovar! Na última segunda reunimos todo o time da MB Consultoria e fizemos uma visita à Fundação Dr. Thomas. Conhecemos uma jovem, chamada Jessiane, que ensina idosos a ler e outros a manterem vivos seu aprendizado. Um trabalho que dignifica o conceito de educação. E fizemos grandes novos amigos: seu Rubem Caldevilla Morião, que com seus 93 anos escreve e produz textos de sabedoria e lucidez; seu Cortez, que nos embalou nas músicas de Altemar Dutra; seu José, um jovem senhor de 80 anos que transmite delicadeza e serenidade no seu sorriso leve; seu Leôncio e seu Mamede, compenetrados nas tarefas distribuídas pela professora Jessiane. Que turma fantástica! Eles estão ali, vivendo a vida. Aceitando o que ela lhes traz, mesmo quando não é tudo o que gostariam. Mas estão "surfando" nas ondas da mudança. Estão todos os dias enxergando o lado cheio do copo. Estão lá, sozinhos muitas vezes, mas muito acompanhados de sabedoria, autoconhecimento e de fé na vida. Na semana que vem, voltaremos a nos encontrar. "Seu Rubem" já está esperando o notebook que ganhará. E nós esperando as palavras doces que serão produzidas pelas mãos e mente tão experientes e sábias.

Não há outro tempo para mudar. As possibilidades são infinitas.

Procrastinação

O dicionário descreve: PROCRASTINAR é "transferir para outro dia; protelar; retardar; protrair; adiar". E por que temos tanta facilidade em adquirir esse hábito nocivo e prejudicial tanto para a empresa quanto para nossa imagem profissional? Entendo que a raiz esteja na formação pessoal, ou seja, aquela que "vem de berço", passada pelos nossos pais, familiares, primeiros professores etc.

Dia após dia, vemos decisões serem adiadas; soluções de problemas, postergadas; projetos, protelados. Referimo-nos a uma enorme quantidade de ações que, se tomadas no prazo correto e acordado, levariam as empresas a obterem os resultados esperados, porém, por mais que muitas vezes uma empresa demonstre ser complexa ou até muito burocrática, o que está por trás dessa situação são pessoas que, em virtude de seu comportamento, digamos não adequado, assumem a procrastinação como seu hábito e a levam para a empresa, para a casa, para os relacionamentos etc. Estamos falando daquelas pessoas que nunca conseguem decidir com rapidez, seja no que diz respeito a uma admissão no trabalho ou até uma mudança de residência (ou de cônjuge)! Esse tipo de comportamento liga a imagem de uma pessoa ao fenômeno da enrolação, o que acarreta falta de profissionalismo e de resultados.

Como dissemos, esse tipo de comportamento resulta de exemplos tidos na formação da personalidade, que não incentivaram o dinamismo, a proatividade, a paixão em fazer acontecer! Infelizmente, muitos pais educam os filhos com esse vício de "deixar sempre para depois", evitando assumir responsabilidades pelas decisões tomadas.

É claro que uma decisão sempre demandará mais de um caminho a percorrer e trará as respectivas consequências. Muitas vezes, o temor pelo retorno das decisões é o que nos "puxa para trás", tirando a nossa força impulsionadora do fazer.

Em outras oportunidades, a procrastinação tem raiz na pouca ambição. Há pessoas que não querem melhorar, seja de qualidade de vida ou de conhecimento e evolução intelectual e/ou espiritual. Veem a vida passar e, independentemente de terem ou não oportunidades aparecendo, se escondem, como que deixando o rio seguir, levando-as para onde ele quer. O grave é que, além de arruinarem a própria vida, educam (consciente ou inconscientemente) os filhos com base nos mesmos parâmetros, transformando-os hoje numa antítese do que é o profissional moderno, que desafia metas e obstáculos, que coloca paixão no que faz e procura sempre o melhor resultado para a empresa e para si.

Muitas vezes, escapamos da influência funesta desse exemplo de comportamento em casa, mas a encontramos nas escolas, onde professores "bonzinhos" atuam com popularidade, esquecendo-se de que educar também é seu papel, além de ensinar uma disciplina específica. E então ocorre que o professor finge que ensina e o aluno finge que aprende. O resultado é triste: despreparo para a aprendizagem em sala de aula e para a vida.

Quando chegamos ao mercado profissional, temos contato com os primeiros chefes e deles dependerá nosso sucesso profissional. Quanto menos ou mal preparado formos, mais estaremos suscetíveis à influência do "chefe" no trabalho. E, novamente, como que por osmose, aprendemos a nos comportar como alguns chefes, adiando prazos, esquecendo de compromissos, não planejando nosso trabalho, evitando decisões etc. Lá na frente, alguns anos após, estaremos todos praticando o "deixar sempre para depois..."

A pergunta é: será que isso tem "cura"? Acredito que sim. E o remédio é amargo: MUDAR O NOSSO COMPORTAMENTO, e isso dói muito e é muito difícil. Já comentamos muitas vezes sobre a necessidade de mudanças e essa talvez seja a única que alcança unanimidade no mundo dos negócios: a necessidade de nos adaptarmos e nos adequarmos rapidamente a um processo contínuo de mudança. Mas isso demanda um forte investimento em DISCIPLINA, ORGANIZAÇÃO, PLANEJAMENTO e, sobretudo, força de vontade!

Precisamos aprender que é extremamente satisfatório para nossa autorrealização cumprir prazos e compromissos, o que gera respeito e confiança. As pessoas querem trabalhar conosco, se relacionar conosco. Elas buscam o contato, pois sabem que com esse contato haverá mais aprendizado, profissional e de vida. Considero, sinceramente, que é difícil mudar um comportamento, mas considero também que é fácil enxergar os benefícios de uma postura coerente, séria, proativa e honesta, com promessas sendo cumpridas pelo enorme prazer de estarmos bem conosco mesmos. Quem procrastina mente para si próprio, gerando infindas desculpas e motivos para enganar-se e aos outros.

Aprendi com alguém que amei muito, minha bisavó e madrinha, que "o que é tratado não é caro!" Se você combinou algo, cumpra. Se algo o atrapalhou a cumprir seu compromisso, vá até o seu interlocutor e trate novamente. O que é tratado não é caro!

Hoje milhões e milhões de dólares são jogados literalmente fora quando projetos, ideias, planos e decisões são levados pela enxurrada da mediocridade e da procrastinação. O ser humano é único e especial. Quando quer, pode tudo, inclusive mudar o seu comportamento. É seu o livre-arbítrio.

Executar é preciso!

Reconhecemos a importância da harmonia no que diz respeito aos conceitos fundamentais de administração e gestão: **planejar, executar, controlar e corrigir.** Todos são importantes e totalmente interdependentes, tornando uma cadeia próspera para o aproveitamento dos recursos disponíveis por meio do gerenciamento e da liderança.

Cometemos, porém, muitas falhas quanto ao cumprimento de cada um dos conceitos. Primeiramente, porque sentimos uma enorme dificuldade de **planejar**. Não porque nos faltem elementos. Dizer que no mundo globalizado e mutável não adianta prever nenhum cenário é uma enorme falácia. Exatamente pela velocidade e natureza das mudanças, devemos planejar o futuro da empresa e o nosso próprio, fazendo ao longo do caminho os ajustes necessários, mas com uma visão de futuro a nos motivar e inspirar. Os resultados do não planejar são muitos, mas principalmente a falta de foco e a perda de mercado e espaço.

Também temos muitos problemas em **controlar** corretamente. Sim, pois mostramos muita resistência em controlar atividades, pessoas, prazos, compromissos etc. As razões são muitas, mas destacamos algumas. Um fator claro é a falta de disciplina. Não gostamos de ser cobrados e de abrir mão, às vezes, do nosso tempo para cobrar outras pessoas ou a nós mesmos os compromissos e prazos assumidos. Outro dificultador é o nosso receio de sermos mal recebidos diante de cobranças efetuadas a outras pessoas. Temos medo de nos tornar "chatos" nas cobranças a funcionários, pares, clientes, fornecedores, chefes, que, de alguma forma, se comprometeram com ações, prazos e responsabilidades. Ao não exercer o controle, renunciamos à eficiência e à eficácia, pois obviamente alcançaremos uma ínfima produtividade naquilo que foi acordado como necessário para atingir os objetivos propostos.

A falta de qualidade do controle interferirá claramente na **correção** dos problemas. Como podemos tomar ações efetivas para solucionar problemas se nem sabemos que eles existem? Sim, porque o problema está justamente naquilo que resultou diferente do que foi planejado. Se não controlamos para saber se houve a tal diferença, teremos dois resultados desastrosos: não solucionaremos os problemas ou o faremos quando for tarde demais. Ambos são, hoje, para a empresa, fontes de prejuízos de recursos de toda a ordem e de imagem perante os clientes e o mercado.

Como vocês devem ter notado, deixamos para falar por último do elo da cadeia do gerenciamento à execução! **Executar é FAZER ACONTECER** aquilo que foi planejado e será o grande diferencial para se conquistar o sucesso ou o fracasso.

Talvez, junto com planejamento, esse seja o conceito mais difícil de ser colocado em prática. As razões são muitas e gostaríamos de comentar algumas, que consideramos principais:

- ☑ **Autoestima:** as pessoas não se importam com a sua própria autoestima e descumprem de forma natural o que combinam com as pessoas, a despeito de saberem que o respeito profissional advém do quanto as ações foram cumpridas

- ☑ **Disciplina:** infelizmente é uma falha oriunda da educação familiar e escolar básica. Começamos um trabalho e o deixamos pela metade. Começamos vários ao mesmo tempo. Não levamos um projeto até o final, enfim, não temos força suficiente para fazermos o que deve ser feito e não apenas o que gostaríamos de fazer.

- ☑ **Educação:** falta de princípios básicos da educação de "berço", de que aquilo que foi combinado deve ser cumprido. Como disse, minha querida bisavó, dona Benedita, me ensinou que "o que é tratado não é caro!" Se me comprometo com alguém ou com ações e prazos, tenho de cumpri-los, não pelas pessoas, mas por mim mesmo, para que eu possa me olhar no espelho com orgulho (positivo) todos os dias e enxergar nele respeito e dignidade.

- ☑ **Organização:** outra habilidade difícil de ser demonstrada pelas pessoas. É o caso de pessoas que assumem várias tarefas conjuntamente, sem avaliar o tempo de que dispõem para realizar tudo. Isso sem falar em arquivos abarrotados e totalmente desorganizados, pastas carregadas e papéis misturados; mesas totalmente desarrumadas, enfim, quando temos uma pessoa desorganizada, fundamentalmente temos uma mente desorganizada também.

- ☑ **Tempo:** talvez o nosso bem mais precioso e o mais afetado com a globalização e a dinâmica dos processos de mudança. Hoje, a despeito de sermos extremamente eficientes na realização do nosso trabalho, sentiremos que falta tempo para cumprir nossas tarefas. Podemos imaginar o que acontece com quem não valoriza a administração do tempo! O resultado é um verdadeiro desastre na execução daquilo que foi prometido, no entanto isso não significa tornarmo-nos escravos das nossas agendas, mas saber utilizá-las como uma verdadeira aliada na busca do cumprimento das ações e prazos assumidos.

Se queremos realmente nos destacar da "pilha" da mesmice, temos de fazer "girar" a roda do gerenciamento. Precisamos planejar, executar, controlar e corrigir. E não adianta absolutamente o melhor planejamento se não houver uma execução eficiente. E isso não é difícil nem complicado. Tudo está contido em um único princípio: se você se comprometeu, cumpra; se não for conseguir, avise antes, trate novamente e cumpra!

Hora de Viver

Todos nós, profissionais de diferentes áreas de atuação, temos hoje muitas atividades e papéis a desempenhar no dia a dia. Temos de ser esposo/esposa, pai/mãe, filho, amigo, colega de trabalho, temos de estudar e nos desenvolver, de ler e nos atualizar, de viajar muito, a maior parte das vezes a trabalho e para treinamento, temos de trabalhar geralmente mais a cada etapa conquistada de nossa carreira, enfim, temos de usar mais e mais nosso tempo de forma "produtiva".

Pergunto, porém: essa nossa forma produtiva de viver nos fará mais felizes? Sim, pois se há uma unanimidade em todas as etnias, povos e religiões, de alguma forma, é que viemos aqui para buscar a felicidade (já nos referimos a isso em outra ocasião). E nessa grande roda-viva em que transformamos a nossa vida, há "tempo" para sermos felizes?

Não quero aqui discutir filosofia ou religião nem propor nenhum tratado de autoajuda tão comum em livros e mensagens de internet atualmente. Mas, sob o ponto de vista de alguém que, como vocês, trabalha muito (e com prazer) e tem sua "roda-viva", gostaria de colaborar com minha opinião sobre a necessidade de um possível equilíbrio.

Sempre defendemos que há a necessidade de planejarmos o futuro e o presente, se quisermos alcançar o que sonhamos, portanto se sonhamos com a felicidade, com toda a certeza imaginamos que ela será compartilhada com as pessoas que nos amam e que amamos, pois, mesmo para a pessoa mais bem-sucedida seja nos negócios, seja na política, não haverá completa satisfação se a vida pessoal não estiver bem.

Não defendo aqui que se largue ou priorize a vida pessoal em detrimento da profissional. Isso, a meu ver, é utópico em um mundo globalizado, totalmente mutável e volátil e, sobretudo, altamente competitivo. Mesmo aquele que, ao invés do trabalho, detém o capital, sabe que se não trabalhar muito corre o risco de perder o que conquistou ao longo da vida, portanto, sinceramente, acho extremamente difícil deixar a vida profissional de lado para viver a pessoal e estou convicto de que o trabalho é altamente dignificante para todos nós, pois ele nos coloca no caminho da evolução, tanto científica como espiritual.

- ☑ Religião: procure praticar alguma religião, qualquer que seja ela. Não conheço religiões que preguem o mal a quem quer que seja. Todas de alguma forma têm a mesma base moral, independentemente do seu ícone. Particularmente sou cristão e espírita e me sinto muito bem por isso, apesar de ter consciência de que pratico menos do que deveria.

- ☑ Procure exercitar a caridade e a generosidade, começando com sua família e amigos, estendendo à comunidade e pessoas que precisam. Caridade e generosidade não estão apenas na materialidade, mas podem e devem ser praticadas com demonstrações de carinho, com palavras de apoio e até em orações. Não precisamos ter recursos sobrando para ajudar. Podemos investir um tempo nosso em consolar e confortar outras pessoas ou mesmo em ajudar com um trabalho que edifique. São muitas hoje as pessoas que trabalham de forma voluntária em abrigos, hospitais, asilos, frentes de batalha.

- ☑ Veja Deus na natureza. Procuramos, às vezes, Deus de formas tão estreitas que deixamos de enxergá-lo no nascer do sol, em um dia lindo e iluminado, na chuva que cai, em um pôr do sol majestoso, em uma noite de estrelas, na lua que ilumina e nos faz suspirar, nos rios que correm, nos pássaros, nas árvores, no mar cheio de encantos e histórias... Que maravilha é a natureza! E, muitas vezes, nos "esquecemos" de admirá-la, de respeitá-la e, principalmente, de incluí-la em nossa vida como mais um componente de nossa felicidade! Responda para você mesmo: qual foi a última vez que ergueu os olhos e admirou, nem que por cinco minutos, as estrelas e uma lua iluminada?

- ☑ Amar muito, amar certo! Sim, amar as pessoas, apesar de seus defeitos, limitações, características e personalidades que, muitas vezes, não convergem para a nossa. Estamos falando de um abraço e de uma conversa com nossos pais, considerando a paciência com que nos ensinaram, do tempo despendido (na verdade, investido), nas brincadeiras com os filhos, do contato fraterno com os amigos, da colaboração com os colegas de trabalho, do bom dia para o porteiro do prédio, das orações para as pessoas necessitadas e/ou aflitas que nem conhecemos. E como isso nos faz falta! Quando nos damos conta, o tempo passou, nem vimos nosso filho crescer ou nem aproveitamos de toda a experiência que nossos pais tinham para nos passar. Com certeza, isso que não foi praticado nos fará falta no futuro, revelando-se como algo apenas preenchido com conquistas materiais e profissionais. Ficará um vazio.

É preciso, enfim, "olhar para os lados" e ver que há uma infinidade de pessoas e coisas importantes que têm valor também, assim como o nosso desenvolvimento profissional. Devemos levar a vida menos a sério, com menos contrariedades, as quais nós mesmos criamos, por meio do estabelecimento de padrões rígidos de conduta. Temos o dever de ser felizes, mas "vivendo" e não apenas vendo a vida passar. O objetivo aqui é não fazer uma "pregação" no sentido de relegar o trabalho a um segundo plano, mas lembrar que precisamos investir mais tempo em "sermos gente", em nos sentirmos parte do plano superior de amor e felicidade em nosso planeta e em nossa existência.

Eu, pessoalmente, reconheço que estou distante daquilo que estou propondo, mas tenho consciência disso, o que me faz sentir responsável pela mudança que preciso realizar.

Vale, nesse contexto, citar uma frase do cantor e compositor Renato Russo: "É preciso amar as pessoas como se não houvesse amanhã!"

Índice

A

acomodação 77
agentes motivadores 65
alta direção 63
aprendizado 14, 20, 36, 47, 54, 67, 77, 143, 202, 206, 209
  contínuo 36
atitude 62
ativo 53
autoconhecimento 202
autocontrole 96
autoestima 211

B

boa comunicação 19
boa formação 19, 39
busca de resultados 13

C

cadeia de liderança 101
capacidade
  de liderança 19
  de pensar 19
  de raciocínio 22
capacitação 50
caráter 36, 62, 90, 95
Churchill 87
cidadania 53
cliente 159
  fidelização 165, 166
código de conduta 137
companheirismo 52
competências 51, 57, 69
  pessoal 50
competitividade 53
comportamento 62, 74, 210
  mudança de 74
  nocivo 69
  resistente 77
comprometimento 53, 73, 177
compromisso 62
comunicação 92
concorrentes 29
confiança 69
conhecimento 62, 86–90, 86–97
conquista de clientes 13
contratação
  qualidade do processo 31
controle emocional 28
correção 211
criatividade 38, 53
crise econômica 85, 126, 184
cultura organizacional 22, 24, 26, 27, 57, 63, 65, 66, 67, 68, 69, 80, 82, 117, 123, 136, 138, 149, 152, 158, 166

D

decisão 74
definição de estratégias 13
democracia 71, 73, 74
depressão econômica 85, 86
desafios das organizações 30
desenvolvimento profissional 77
desperdício 38
diferença competitiva 73
dilemas 89
dinamismo 37
disciplina 38–47, 62, 197, 209
distribuição de renda 55
domínio da estratégia 27

E

educação 13, 20, 22, 38, 41, 43, 49,
    52, 53, 54, 55, 62, 67, 80, 91,
    95, 112, 113, 174, 175, 176,
    177, 178, 184, 206, 212
  investimento em 54, 55
Edward de Bono 81
emoção 67
empresas familiares 13, 135, 136,
    137, 138, 139, 140, 141, 142
  aprendizado 143
  conflito de competência 142
  desafios 143
  mercado de trabalho 141
  profissionais 138
era do conhecimento 53, 91
Ernest Shackleton 89
estratégia 61, 100, 108, 110, 149
  da organização 57, 102
  de gestão 15
  empresarial 64
  falta de 106
  inteligente 61
estrutura organizacional 99, 100,
    101, 102, 103, 110, 137, 142
ética 14, 64, 131, 162, 176, 186

exemplo 66
experimentação 155

F

falência 85
Fayol 71, 72, 123
Fernandez Araóz 45
ferramenta
  de educação 52
  de gestão 52
fluxo de caixa 86, 127
foco 103, 107
fofoca 69
Ford 72, 123
formação
  acadêmica 114
  pessoal 91
franqueza 80, 81, 82, 191

G

gestão do tempo 13, 193, 197
gestão profissional 136
Gilberto Freyre 82
globalização 75, 91, 130, 212
governança corporativa 141
grandes líderes 90
grande virtude 62

H

habilidades 62
hábitos 197
Heráclito 204
Hitler 88
humildade 92

I

inadimplência 85
indicadores 58
  de desempenho 13
indivíduo 54
iniciativa 53

inovação 26, 38, 117, 151, 204
inovar 29, 56
inspiração 14, 90, 172
inteligência emocional 67
investimento 27, 33, 50, 57, 58
  em pessoas 56
ISO 9000 52, 53, 123, 131, 186

J

Jack Welch 72
Jim Collins 45
justiça social 55

L

lealdade 52, 77, 137, 164
leitura 113
líder
  comportamento do 96
  eficaz 72
  energia do 92
  exemplo do 96
  exigências do 96
  papel do 90, 91
  participativo 74
  posicionamento do 88
  responsabilidade do 89
liderança 52, 72, 153
  competente 91
lucratividade 56

M

maioria 74
mão de obra qualificada 45
mapa estratégico 26
Maslow 72
maturidade 62
melhoria dos resultados 19
mercado 125
meritocracia 136, 137
metodologia 63
métodos 27

de administração 49
de ensino 22
miopia empresarial 105
moral 76, 81, 87, 88, 121, 176, 214
mudança 202, 209
  de comportamento 52, 75
  de hábito 75
  processo de 75
  resistência a 75
mundo globalizado 54

O

obsolescência 53
obtenção de resultados 16
oportunidades 203
organização 209, 212
  competitiva 53
  produtiva 53

P

pensar 20, 21
performance 58
personalidade 67
pessoas 61
  comprometidas 76
  proativas 77
  qualificadas 23, 56, 100, 109, 111, 118
  responsáveis 94
Peter Drucker 72, 73, 103, 136
planejamento 26, 209
  estratégico 132
plano de ação 197
posicionamento 87, 88, 147
  estratégico 147
possibilidades 204
postura profissional 191
potencial
  criativo 20, 21
  sinérgico 51
preparo empresarial 118
princípios morais 86

prioridades corporativas 115
proatividade 37–47
processo 61, 100
  de mudança 75, 205
  de qualidade 13
  de seleção 24, 26, 30, 31, 32, 33, 46, 47
    erros 46
    investimento 33
    paradigma 31
    recrutamento 32
    triagem 32
procrastinação 207, 208, 210
produtividade 53, 55, 149
profissional 62, 128
  acima da média 45
  autorrealização 52
  capacitação 30
  capacitado 30
  competente 30
  comportamento 36
  comprometido 30
  custo 30
  desenvolvimento 56
  desmotivação 32
  diferencial 37
  formação 30
  maduro 39
  proativo 37
  qualificado 30, 109
programas de treinamento 30, 51

Q

qualidade de vida 51
qualificação 50, 53, 102, 104

R

razão de existir 108
recursos 24
  estratégicos 105
recursos humanos 27, 31, 32, 33, 40, 41, 97, 111, 143, 23, 116
redefinição organizacional 130
redução de custos 56
relacionamento 51, 52, 69, 97, 139, 165, 202, 203
  interpessoal 19
remuneração 42, 44
renovação 169, 170, 171
resistência 76
respeito 50, 51, 52, 88, 165, 208, 209, 210, 211, 212
responsabilidade 95
  do gestor 28
resultados 50, 55, 56, 62, 67
  indicadores 57
  satisfatórios 26
retenção de talentos 13
retorno do investimento 24
rotatividade de pessoal 26

S

seleção 26, 44
  de executivos 25, 31, 46
  de pessoas 45
sinergia 73, 107, 157, 165
sistema
  de gestão
    massificação 53
  educacional 21
soluções 74
  criativas 150
sucesso 52, 67

T

Taylor 71, 72, 123
tempo 212
tendência do mercado 146
teorias da administração 124
time 52
  capacitado 30
  vencedor 51
trabalho 183

em equipe 49
satisfação no 13
voluntário 54
transformação digital 29
transparência 70, 80, 82
treinamento 25, 44, 55, 56, 121
  despesa 58
trinômio 111
tripé 61

U

utilização da informação 105

V

valores 64
  compatibilidade de 31
  da empresa 24
  definição 65
  disseminação 66
  empresariais 66
  internalização 66
  organizacionais 24, 25, 52
  pessoais 88
  universais 130
vantagem competitiva 67
virtude 77, 82, 160
visão
  abrangente 27
  definição 64
  de futuro 24, 73, 75, 105
  do cenário 28
  do futuro 64, 66
  estratégica 36–47
  holística 36
  sistêmica 19, 22, 36

Z

zona de acomodação 76

Projetos corporativos e edições personalizadas
dentro da sua estratégia de negócio. Já pensou nisso?

Coordenação de Eventos
Viviane Paiva
viviane@altabooks.com.br

Assistente Comercial
Fillipe Amorim
vendas.corporativas@altabooks.com.br

A Alta Books tem criado experiências incríveis no meio corporativo. Com a crescente implementação da educação corporativa nas empresas, o livro entra como uma importante fonte de conhecimento. Com atendimento personalizado, conseguimos identificar as principais necessidades, e criar uma seleção de livros que podem ser utilizados de diversas maneiras, como por exemplo, para fortalecer relacionamento com suas equipes/ seus clientes. Você já utilizou o livro para alguma ação estratégica na sua empresa?

Entre em contato com nosso time para entender melhor as possibilidades de personalização e incentivo ao desenvolvimento pessoal e profissional.

PUBLIQUE SEU LIVRO

Publique seu livro com a Alta Books. Para mais informações envie um e-mail para: autoria@altabooks.com.br

/altabooks   /alta-books   /altabooks   /altabooks

CONHEÇA OUTROS LIVROS DA **ALTA BOOKS**

Todas as imagens são meramente ilustrativas.

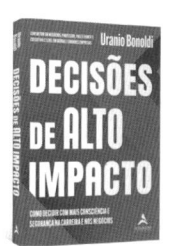

ROTAPLAN
GRÁFICA E EDITORA LTDA
Rua Álvaro Seixas, 165
Engenho Novo - Rio de Janeiro
Tels.: (21) 2201-2089 / 8898
E-mail: rotaplanrio@gmail.com